PART

01

공간정보의 구축 및
관리등에 관한 법령

공간정보의 구축 및 관리등에 관한 법령

토지의 등록

01 국토교통부장관은 모든 토지에 대하여 필지별로 소재·지번·지목·면적·경계 또는 좌표 등을 조사·측량하여 지적공부에 등록하여야 한다.

02 지적공부에 등록하는 지번·지목·면적·경계 또는 좌표는 토지의 이동이 있을 때 토지소유자의 신청을 받아 지적소관청이 결정한다. 다만, 신청이 없으면 지적소관청이 직권으로 조사·측량하여 결정할 수 있다.

03 지적소관청은 토지의 이동현황을 직권으로 조사·측량하여 토지의 지번·지목·면적·경계 또는 좌표를 결정하려는 때에는 토지이동현황조사계획을 수립하여야 한다.
이 경우 **조사계획**은 **시·군·구**별로 수립하되, 부득이한 사유가 있는 때에는 **읍·면·동**별로 수립할 수 있다.

01 토지의 조사·등록에 관한 설명으로 옳은 것은?

① 지적소관청은 모든 토지에 대하여 필지별로 소재·지번·지목·면적·경계 또는 좌표 등을 조사, 측량하여 지적공부에 등록하여야 한다.

② 지적공부에 등록하는 지번·지목·면적·경계 또는 좌표는 토지의 이동이 있을 때 토지소유자의 신청을 받아 국토교통부장관이 결정한다. 다만, 신청이 없으면 국토교통부장관이 직권으로 조사, 측량하여 결정할 수 있다.

③ 지적소관청은 토지의 이동현황을 직권으로 조사·측량하여 토지의 지번·지목·면적·경계 또는 좌표를 결정하려는 때에는 토지이동기본계획을 수립하여야 한다.

④ 토지이동현황조사계획은 시·도별로 수립하되, 부득이한 사유가 있는 때에는 시·군·구별로 수립할 수 있다.

⑤ 지적소관청은 토지이동현황조사 결과에 따라 토지의 지번·지목·면적·경계 또는 좌표를 결정한 때에는 이에 따라 지적공부를 정리하여야 한다.

박문각

파이널 패스
핵심이론과 함께하는
100선

박문각 공인중개사
박윤모 부동산공시법령

브랜드만족
1위
박문각
근거자료
별면표기
20
24

이 책의 **차례**

지번

01 지번은 **지적소관청**이 지번부여지역별로 차례대로 부여한다.

02 지번은 아라비아 숫자로 표기하되, 임야대장 및 임야도에 등록하는 토지의 지번은 숫자 앞에 "산"자를 붙인다.

03 지번은 북서에서 남동으로 순차적으로 부여하여야 한다.

04 지적소관청은 **지번을 변경**할 필요가 있다고 인정하면 **시·도지사 또는 대도시시장의** 승인을 받아 지번을 새로 부여할 수 있다.

05 신규등록 등록전환	그 지번부여지역에서 **인접토지의 본번**에 부번을 붙여서 지번을 부여한다.
	다음의 경우에는 그 지번부여지역의 **최종 본번**의 다음 순번부터 **본번**으로 하여 순차적으로 지번을 부여할 수 있다. ❶ 대상토지가 그 지번부여지역의 **최종 지번의 토지에** 인접하여 있는 경우 ❷ 대상토지가 이미 등록된 토지와 멀리 **떨어져 있는 경우** ❸ 대상토지가 여러 **필지로 되어 있는 경우**

06 분할	분할 후의 필지 중 1필지의 지번은 **분할 전의 지번**으로 하고, 나머지 필지의 지번은 본번의 **최종 부번** 다음 순번으로 부번을 부여한다.
	주거·사무실 등의 건축물이 있는 필지에 대해서는 **분할 전의 지번**을 우선하여 부여 하여야 한다.

07 합병	합병 대상 지번 중 선 순위의 지번을 그 지번으로 하되, **본번으로 된 지번**이 있을 때 에는 **본번 중** 선 순위의 지번을 합병 후의 지번으로 한다.
	토지소유자가 합병 전의 필지에 주거·사무실 등의 건축물이 있어서 그 건축물이 위치한 지번을 합병 후의 지번으로 신청할 때에는 그 지번을 합병 후의 지번으로 부여하여야 한다.

08 지적확정 측량지역	종전 지번 중 본번으로 부여한다. 다만 다음의 지번은 제외한다. ❶ 지적확정측량 실시지역 안**의 종전 지번**과 지적확정측량 실시지역 **밖에 있는 본번이 같은 지번**이 있을 때에는 그 지번 ❷ 지적확정측량 실시지역의 **경계에 걸쳐 있는 지번**
	부여할 수 있는 종전 지번의 수가 새로 부여할 지번의 수보다 적을 때에는 블록**단위로** 하나의 본번을 부여한 후 필지별로 부번을 부여하거나, 그 지번부여지역의 **최종 본번 다음 순번부터** 본번으로 하여 차례로 지번을 부여할 수 있다.

09 **축척변경, 지번변경,** 행정구역 **개편**에 따라 새로 지번을 부여할 때에는 **지적확정측량 실시지역의 지번부여방식**을 준용한다.

10 도시개발사업 등이 **준공되기 전**에 사업시행자가 지번부여 신청을 하면 사업계획도에 따라 지번을 부여할 수 있다.

02 공간정보의 구축 및 관리 등에 관한 법령상 지번의 구성 및 부여방법에 관한 설명으로 옳은 것은?

① 지번은 북동에서 남서로 순차적으로 부여하여야 한다.

② 지적소관청은 지번을 변경할 필요가 있다고 인정하면 국토교통부장관의 승인을 받아 지번을 새로 부여할 수 있다.

③ 축척변경지역의 필지에 지번을 부여할 때에는 그 지번부여지역에서 인접토지의 본번에 부번을 붙여서 지번을 부여하여야 한다.

④ 신규등록 대상토지가 그 지번부여지역의 최종 지번의 토지에 인접하여 있는 경우에는 그 지번부여지역의 최종 본번의 다음 순번부터 본번으로 하여 순차적으로 지번을 부여할 수 있다.

⑤ 합병 대상 지번 중 선 순위의 지번을 그 지번으로 하되, 본번으로 된 지번이 있을 때에는 본번 중 최종 순위의 지번을 합병 후의 지번으로 한다.

03 공간정보의 구축 및 관리 등에 관한 법령상 지번의 부여방법 등에 관한 설명으로 틀린 것은?

① 도시개발사업 등이 준공되기 전에 사업시행자가 지번부여 신청을 하면 사업계획도에 따라 지번을 부여할 수 있다.

② 분할의 경우에는 분할 후의 필지 중 1필지의 지번은 분할 전의 지번으로 하고, 나머지 필지의 지번은 최종 본번 다음 순번의 본번을 순차적으로 부여하여야 한다.

③ 지적확정측량실시지역에서 부여할 수 있는 종전 지번의 수가 새로 부여할 지번의 수보다 적을 때에는 지번부여지역의 최종 본번 다음 순번부터 본번으로 하여 차례로 지번을 부여할 수 있다.

④ 합병의 경우로서 토지소유자가 합병 전의 필지에 주거·사무실 등의 건축물이 있어서 그 건축물이 위치한 지번을 합병 후의 지번으로 신청할 때에는 그 지번을 합병 후의 지번으로 부여하여야 한다.

⑤ 등록전환 대상토지가 이미 등록된 토지와 멀리 떨어져 있는 경우 그 지번부여지역의 최종 본번의 다음 순번부터 본번으로 하여 순차적으로 지번을 부여할 수 있다.

04 공간정보의 구축 및 관리 등에 관한 법령상 지번부여방법이 다른 하나는?

① 임야대장에 등록된 토지를 토지대장으로 옮겨 등록하는 경우

② 도시개발사업 등이 완료됨에 따라 지적확정측량을 실시한 지역안의 각 필지에 지번을 새로이 부여하는 경우

③ 축척변경시행지역 안의 필지에 새로이 지번을 부여하는 경우

④ 지적소관청이 지번부여지역 안의 일부 또는 전부의 지번을 변경하는 경우

⑤ 행정구역의 개편 등으로 지번을 새로이 정하는 경우

지목

01	물을 **상시적으로** 이용하지 아니하고 곡물·원예작물·약초·뽕나무·닥나무·묘목·관상수 등의 식물을 주로 재배하는 토지, 죽순을 재배하는 토지	전
02	물을 **상시적으로** 이용하여 벼·연·미나리·왕골 등을 주로 재배하는 토지	답
03	연·왕골 등이 자생하는 배수가 잘 되지 않는 토지 – **댐·저수지·호수·연못 등**	유지
04	용수 또는 배수를 위하여 일정한 형태를 갖춘 인공적인 수로	구거
05	자연의 유수(流水)가 있거나 있을 것으로 예상되는 **소규모 수로**	구거
06	자연의 유수(流水)가 있거나 있을 것으로 예상되는 토지	하천
07	지하에서 온수·약수·석유류 등이 용출되는 용출구와 그 부지	광천지
08	**육상**에 인공으로 조성된 수산생물의 번식, 양식을 위한 시설을 갖춘 부지	양어장
09	물을 공급하기 위한 **취수·저수·도수·정수·송수 및 배수시설** 부지	수도용지
10	조수·자연유수 등을 막기 위하여 설치된 방조제·방파제 등의 부지	제방
11	바닷물을 끌어들여 소금을 채취하기 위하여 조성된 토지	염전
	※ **동력에 의하여 바닷물을 끌어들여** 소금을 **제조**하는 공장시설물의 부지	공장용지
12	• 사과·배·밤·호두·귤나무 등 **과수류를 집단적으로 재배하는 토지** • 과수원에 접속된 저장고 등 **부속시설물의 부지**	과수원
	※ **과수원에 접속된** 주거용 건축물의 부지	대
13	축산업 및 낙농업을 하기 위한 토지, **가축을 사육하는 부속시설물**의 부지	목장용지
	※ **목장용지에 접속된** 주거용 건축물의 부지	대
14	**수림지·죽림지·암석지**·자**갈땅**·모래땅·습지·황무지	임야
15	**영구적 건축물** 중 주거·사무실·점포와 박물관·극장 등 문화시설부지	대
16	「국토의 계획 및 이용에 관한 법률」 등에 따른 **택지조성공사가 준공된 토지**	대
17	제조업을 하고 있는 **공장시설물**의 부지, 같은 구역 안에 있는 의료시설 부지	공장용지
18	**학교의 교사**와 이에 접속된 체육장 등 부속시설물의 부지	학교용지
19	종교의식을 위한 **교회·사찰·향교·사당** 등의 건축물 부지	종교용지
20	자동차 등의 **주차에 필요한 시설**을 갖춘 부지와 **주차전용 건축물**의 부지	주차장
	※ 노상**주차장**·부설**주차장**·물류**장**·야외전시**장**	주차장✖
21	석유·석유제품 등의 **판매를 위한 시설물**의 부지, **저유소 및 원유저장소**의 부지	주유소용지
	※ **자동차·선박 등의 제작 또는 정비**공장 안에 설치된 **급유·송유시설 부지**	공장용지
22	물건 등을 보관 또는 저장하기 위하여 독립적으로 설치된 보관시설물의 부지	창고용지

23	• 보행 또는 차량운행에 이용되는 토지 및 **고속도로 안의 휴게소 부지** • **2필지 이상에 진입하는** 통로	도로
	※ **아파트·공장 등 단일 용도의 일정한 단지 안에 설치된** 통로	도로✕
24	교통 운수를 위하여 일정한 궤도 등의 설비·형태를 갖추어 이용되는 토지	철도용지
25	일반 공중의 보건·휴양 등에 이용하기 위한 시설을 갖춘 토지로서 「국토의 계획 및 이용에 관한 법률」에 따라 **공원** 또는 녹지로 결정·고시된 토지	공원
26	사람의 시체나 유골이 매장된 토지 및 **묘지공원, 봉안시설**	묘지
	※ **묘지의 관리를 위한 건축물의 부지**	대
27	종합운동장·실내체육관·야구장·골프장·스키장 등 체육시설의 토지	체육용지
	※ **체육시설로서 영속성과 독립성이 미흡한 골프연습장·실내수영장 및 체육도장, 유수(流水)를 이용한 요트장 및 카누장 등의 토지**	체육용지✕
28	위락·휴양 등에 적합한 시설물을 종합적으로 갖춘 수영장·유선장·낚시터·어린이놀이터·동물원·식물원·민속촌·경마장·**야영장** 등의 토지	유원지
29	문화재로 지정된 유적·고적·기념물 등을 보존하기 위한 토지	사적지
	※ **학교용지·공원·종교용지 등 다른 지목으로 된 토지 안에 있는 유적·고적·기념물 등을 보호하기 위하여 구획된 토지**	사적지✕
30	**돌, 흙을 파내는 곳, 물건을 쌓아두는 곳, 변전소, 송신소, 수신소, 송유시설** 부지 여객자동차터미널, 자동차운전학원 및 폐차장 등 자동차 관련 부지 공항시설 및 항만시설 부지	잡종지
	※ **원상회복을 조건으로 돌·흙을 파내는 곳으로 허가된 토지**	잡종지✕

05 공간정보의 구축 및 관리 등에 관한 법령상 지목이 "대"인 것은 모두 몇 개인가?

> ㄱ. 국토의 계획 및 이용에 관한 법률 규정에 따라 택지조성공사가 준공된 토지
>
> ㄴ. 고속도로의 휴게소 부지
>
> ㄷ. 과수원 안에 있는 주거용 건축물의 부지
>
> ㄹ. 목장용지 안에 있는 주거용 건축물의 부지
>
> ㅁ. 공장용지 안에 위치한 사무실 부지
>
> ㅂ. 묘지의 관리를 위한 건축물의 부지

① 1개   ② 2개   ③ 3개   ④ 4개   ⑤ 5개

06 공간정보 구축 및 관리 등에 관한 법령상 지목에 대한 설명 중 옳은 것은?

① 수림지, 죽림지 및 암석지, 자갈땅, 모래땅, 습지, 황무지 등은 '잡종지'로 한다.

② 변전소·송신소·수신소·송유시설 등의 부지는 '주유소용지'로 한다.

③ 학교용지·공원·종교용지 등 다른 지목으로 된 토지 안에 있는 유적·고적·기념물 등을 보호하기 위하여 구획된 토지는 '사적지'로 한다.

④ 골프연습장·실내수영장 및 체육도장, 유수(流水)를 이용한 요트장 및 카누장 등의 부지는 '체육용지'로 한다.

⑤ 위락, 휴양 등에 적합한 시설물을 종합적으로 갖춘 야영장의 부지는 '잡종지'로 한다.

07 공간정보의 구축 및 관리 등에 관한 법령상 지목에 대한 설명 중 옳은 것은?

① 골프연습장·실내수영장 및 체육도장, 유수를 이용한 요트장 및 카누장 등의 토지는 '체육용지'로 한다.

② 2필지 이상에 진입하는 통로와 아파트·공장 등 단일용도의 일정한 단지 안에 설치된 통로의 지목은 '도로'로 하여야 한다.

③ 노상주차장, 부설주차장, 물류장, 야외 전시장의 지목은 '주차장'으로 한다.

④ 여객자동차터미널 등 자동차와 관련된 독립적인 시설물을 갖춘 부지 및 공항시설 및 항만시설 부지는 '주차장'으로 지목을 설정한다.

⑤ 석유, 석유제품 등의 판매를 위한 시설물의 부지, 저유소 및 원유 저장소의 부지는 '주요소용지'로 한다.

08 공간정보의 구축 및 관리 등에 관한 법령상 지목의 구분으로 옳은 것은?

① 축산업 및 낙농업을 하기 위하여 초지를 조성한 토지와 그 토지에 설치된 주거용 건축물의 부지의 지목은 '목장용지'로 한다.

② 물건 등을 보관하거나 저장하기 위하여 독립적으로 설치된 보관시설물의 부지와 이에 접속된 부속시설물의 부지의 지목은 '대'로 한다.

③ 제조업을 하고 있는 공장시설물의 부지와 같은 구역에 있는 의료시설 등 부속시설물의 부지의 지목은 '공장용지'로 한다.

④ 물을 상시적으로 직접 이용하여 벼·연(蓮)·미나리·왕골 등의 식물을 주로 재배하는 토지의 지목은 '유지'로 한다.

⑤ 용수(用水) 또는 배수(排水)를 위하여 일정한 형태를 갖춘 인공적인 수로·둑 및 그 부속 시설물의 부지의 지목은 '제방'으로 한다.

경계

01 경계의 설정방법

분할에 따른 지상 경계는 지상건축물을 걸리게 결정해서는 아니 된다. **다만, 다음의 어느 하나에 해당하는 경우에는 지상건축물을 걸리게 결정할 수 있다.**

> ❶ 법원의 확정판결에 따라 **토지를 분할하는 경우**
>
> ❷ 공공사업 등에 따라 학교용지·도로·철도용지·제방·하천·구거·유지·수도용지 등의 지목으로 되는 **토지를 분할하는 경우**
>
> ❸ 도시개발사업등의 사업시행자가 사업지구의 경계를 결정하기 위하여 **토지를 분할하는 경우**
>
> ❹ 「국토의 계획 및 이용에 관한 법률」 규정에 따른 도시·군관리계획 결정고시와 지형도면 고시가 된 지역의 도시·군 관리계획선에 따라 **토지를 분할하는 경우**

02 지상경계의 결정

지상 경계의 결정기준은 다음의 구분에 따른다. 다만, 지상 경계의 구획을 형성하는 구조물 등의 소유자가 다른 경우에는 그 소유권에 따라 지상 경계를 결정한다.

> ❶ 연접되어 있는 토지 사이에 **높낮이 차이가 없는 경우에는** 그 구조물의 중앙을 경계로 한다.
>
> ❷ 연접되어 있는 토지 사이에 높낮이 차이가 있는 경우에는 그 구조물의 하단부를 경계로 한다.
>
> ❸ 토지가 해면(또는 수면)에 접하는 경우에는 최대만조위가 되는 선을 경계로 한다.
>
> ❹ 도로·구거 등의 토지에 절토(땅깎기)된 부분이 있는 경우에는 그 경사면의 상단부를 경계로 한다.
>
> ❺ 공유수면매립지의 토지 중 제방을 토지에 편입하여 등록하는 경우에는 바깥쪽 어깨부분을 경계로 한다.

03 지상경계점등록부

지적소관청은 토지의 이동에 따라 지상 경계를 새로 정한 경우에는 지상경계점등록부를 작성·관리하여야 한다.

> 지상경계점등록부에는 ❶ 토지의 **소재**, ❷ **지번**, ❸ 공부상 **지목**과 실제 토지이용 **지목**, ❹ 경계점표지의 종류 및 경계점 위치, ❺ 경계점 위치설명도, ❻ 경계점의 사진 파일 등을 등록하여야 한다.
>
> ※ **토지 소유자, 고유번호**는 등록사항에 해당하지 않는다.

09 분할에 따른 지상경계 결정시 지상건축물을 걸리게 결정 할 수 없는 것은?

① 법원의 확정판결이 있는 경우

② 도시개발사업 등의 사업시행자가 사업지구의 경계를 결정하기 위하여 분할하고자 하는 경우

③ 토지이용상 불합리한 지상경계를 시정하기 위하여 분할하는 경우

④ 공공사업으로 인하여 학교용지·도로·철도용지·제방·하천·구거·유지·수도용지 등의 지목으로 되는 토지를 분할하는 경우

⑤ 「국토의 계획 및 이용에 관한 법률」의 규정에 의한 도시계획결정고시와 지형도면고시가 된 지역의 도시·군 관리계획선에 따라 토지를 분할하는 경우

10 공간정보의 구축 및 관리 등에 관한 법령상 지상 경계의 위치표시 및 결정 등에 관한 설명으로 옳은 것은?

① 지적소관청은 토지의 이동에 따라 지상 경계를 새로 정한 경우에는 경계점좌표등록부를 작성·관리하여야 한다.

② 공유수면매립지의 토지 중 제방을 토지에 편입하여 등록하는 경우에는 안쪽 어깨부분을 경계로 한다.

③ 토지의 지상 경계는 둑, 담장이나 그 밖에 구획의 목표가 될 만한 구조물 및 경계점표지 등으로 구분한다.

④ 도로·구거 등의 토지에 절토(땅깎기)된 부분이 있는 경우에는 그 경사면의 하단부를 경계로 한다.

⑤ 도시개발사업 등의 사업시행자가 사업지구의 경계를 결정하기 위하여 토지를 분할하는 경우, 지상 건축물을 걸리게 하여 지상 경계를 결정해서는 아니 된다.

11 공간정보의 구축 및 관리 등에 관한 법령상 지상경계점등록부의 등록사항에 해당하는 것을 모두 고르면 몇 개인가?

> ㄱ. 토지의 고유번호
>
> ㄴ. 경계점 표지의 종류 및 경계점 위치
>
> ㄷ. 경계점 위치 설명도와 경계점의 사진 파일
>
> ㄹ. 토지소유자와 인접 토지 소유자의 서명·날인
>
> ㅁ. 공부상 지목과 실제 토지이용 지목

① 1개 ② 2개 ③ 3개 ④ 4개 ⑤ 5개

면적

01 면적의 결정방법

1/500, 1/600 지역 ※ 최소면적 ➡ 0.1m²
123.36m² ⇨ 123.4m²
123.34m² ⇨ 123.3m²
123.35m² ⇨ 123.4m²(홀수)
123.45m² ⇨ 123.4m²(짝수)
0.03m² ⇨ 0.1m²
123.441m² ⇨ 123.4m²
123.451m² ⇨ 123.5m²

1/1000, 1/1200, 1/2400, 1/3000, 1/6000 지역 ※ 최소면적 ➡ 1m²
123.6m² ⇨ 124m²
123.4m² ⇨ 123m²
123.5m² ⇨ 124m²(홀수)
124.5m² ⇨ 124m²(짝수)
0.3m² ⇨ 1m²
123.41m² ⇨ 123m²
123.51m² ⇨ 124m²

02 면적의 측정대상

면적측정을 하는 경우	❶ 지적공부의 복구 ❷ 토지의 신규등록 ❸ 등록전환 ❹ 분할 ❺ 축척변경 ❻ 면적 또는 경계의 정정 ❼ 도시개발사업 등으로 인하여 토지의 표시를 새로이 결정하는 경우
면적측정을 하지 않는 경우	❶ 합병 ❷ 지목변경 ❸ 지적공부의 재작성 ❹ 면적의 환산 ❺ 경계복원측량 ❻ 지적현황측량 ❼ 토지의 위치정정

03 면적의 측정방법

지 역	축 척	측량방법	경계점좌표등록부	면적측정 방법
농·어촌지역	1/1200	평판측량	갖추어 두지 않는 지역	전자면적측정기
도시개발사업지역 (지적확정측량실시지역)	1/500 1/600	경위의측량	갖추어 두는 지역	좌표면적계산법

12 경계점좌표등록부에 등록하는 지역에서 1필지의 면적측정을 위해 계산한 값이 1,090.45m²인 경우 토지대장에 등록할 면적으로 옳은 것은?

① 1090m²
② 1090.4m²
③ 1090.45m²
④ 1090.5m²
⑤ 1091m²

13 경위의측량방법에 의하여 지적확정측량을 시행하는 지역에서 1필지의 면적을 산출한 결과 1988.453m²인 경우 지적공부에 등록할 면적으로 옳은 것은?

① 1988m²
② 1988.4m²
③ 1988.45m²
④ 1988.5m²
⑤ 1988.46m²

14 공간정보의 구축 및 관리 등에 관한 법령상 지적공부에 등록하는 면적에 관한 설명으로 옳은 것은?

① 지적도의 축척이 600분의 1인 지역의 1필지 면적이 1제곱미터 미만일 때에는 1제곱미터로 한다.

② 지적도의 축척이 1200분의 1인 지역의 1필지 면적이 0.1제곱미터 미만일 때에는 0.1제곱미터로 한다.

③ 신규등록·등록전환을 하는 때에는 새로이 측량하여 각 필지의 면적을 정한다.

④ 합병에 따른 경계·좌표 또는 면적은 지적측량을 하여 결정한다.

⑤ 경위의측량방법으로 세부측량을 한 지역의 필지별 면적측정은 전자면적측정기에 의한다.

15 공간정보의 구축 및 관리 등에 관한 법령상 지적도의 축척에 해당하는 것을 모두 고르면 몇 개인가?

| ㄱ. 1/500 | ㄴ. 1/600 | ㄴ. 1/2000 |
| ㄷ. 1/2400 | ㄹ. 1/3000 | ㅁ. 1/6000 |

① 1개
② 2개
③ 3개
④ 4개
⑤ 5개

지적공부의 등록사항 총정리

구 분	대 장				도 면		경계점좌표 등록부
	토지 대장	임야 대장	공유지 연명부	대지권 등록부	지적도	임야도	
소재·지번	○	○	○	○	○	○	○
고유번호	○	○	○	○			○
지 목	○	○			○	○	
	(정식명칭)				(부호)		
축 척	○	○			○	○	
소유자에 관한 사항	○	○	○	○			
소유권의 지분			○	○			
면 적 토지이동사유 개별공시지가	○	○					
대지권의 비율 건물의 명칭				○			
좌 표 부호(도)							○
도면의 제명 색인도, 경 계 도곽선 및 그 수치 지적기준점 위치 건축물·구조물의 위치					○	○	

보충 학습 **경계점좌표등록부를 갖추어 두는 지역의 지적도**

❶ 경계점좌표등록부를 갖추어 두는 지역의 지적도에는 도면의 제명 끝에 '좌표'라고 표시하여야
한다.

❷ 경계점좌표등록부를 갖추어 두는 지역의 지적도에는 도곽선의 오른쪽 아래 끝에 '이 도면으로
측량할 수 없음'이라고 기록하여야 한다.

❸ 경계점좌표등록부를 갖추어 두는 지역의 지적도에는 '좌표에 의하여 계산된 경계점간의 거리'를
등록하여야 한다.

보충 학습 지적기준점

구 분	지적기준점성과의 열람·발급신청
지적삼각점	시·도지사 또는 지적소관청
지적삼각보조점	지적소관청
지적도근점	지적소관청

16 공인중개사 A가 토지매매를 중개하면서 매수인 B에게 설명한 지적(地籍)에 관한 다음 내용 중 옳은 것은?

① 지적도에 표기된 '590 주'는 지번이 590이고, 지목은 '주차장'이라고 설명하였다.

② 토지대장을 확인하여 인접 토지의 '경계'를 설명하였다.

③ 토지대장을 확인하여 토지의 '소유권 및 제한물권'을 설명하였다.

④ 지적도를 확인하여 토지의 '면적'을 설명하였다.

⑤ 경계점좌표등록부를 확인하여 '소재와 지번'을 설명하였다.

17 공간정보의 구축 및 관리 등에 관한 법령상 공유지연명부와 대지권등록부의 공통 등록 사항을 모두 고른 것은?

> ㄱ. 토지의 고유번호
>
> ㄴ. 건물 명칭, 전유부분의 표시, 대지권의 비율
>
> ㄷ. 소유자의 성명 또는 명칭, 주소 및 주민등록번호
>
> ㄹ. 소재 및 지번
>
> ㅁ. 소유권의 지분

① ㄱ, ㄴ, ㄷ   ② ㄱ, ㄴ, ㄷ, ㄹ   ③ ㄱ, ㄷ, ㄹ, ㅁ

④ ㄴ, ㄷ, ㄹ, ㅁ   ⑤ ㄱ, ㄴ, ㄹ, ㅁ

18 공간정보의 구축 및 관리 등에 관한 법령상 지적공부와 등록사항의 연결이 옳은 것은?

① 토지대장 – 경계와 면적

② 임야대장 – 건축물 및 구조물 등의 위치

③ 공유지연명부 – 소유권의 지분과 토지의 이동사유

④ 대지권등록부 – 대지권의 비율과 지목

⑤ 토지대장·임야대장·공유지연명부·대지권등록부 – 토지소유자가 변경된 날과 그 원인

19 공간정보의 구축 및 관리 등에 관한 법령상 지적기준점성과와 지적기준점성과의 열람 및 등본 발급 신청기관의 연결이 옳은 것은?

① 지적삼각점성과 − 시·도지사 또는 지적소관청

② 지적삼각보조점성과 − 시·도지사

③ 지적삼각보조점성과 − 지적측량수행자

④ 지적도근점성과 − 시·도지사 또는 지적소관청

⑤ 지적도근점성과 − 한국국토정보공사

20 공간정보의 구축 및 관리 등에 관한 법령상 경계점좌표등록부를 갖춰 두는 지역의 지적도가 아래와 같은 경우 이에 관한 설명으로 옳은 것은?

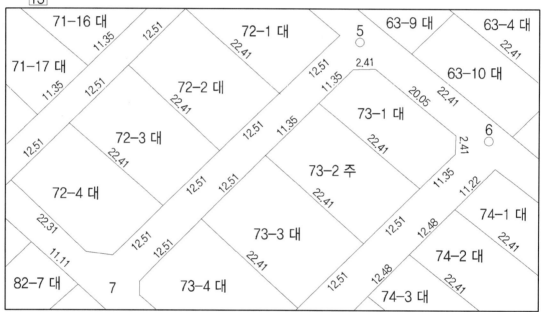

① 위 지적도에 등록된 토지의 면적측정은 전자면적측정기에 의한다.

② 위 지적도에 등록된 토지의 면적은 제곱미터 이하 한자리 단위로 결정한다.

③ 위 지적도에 등록된 토지의 경계복원측량은 평판측량 또는 전자평판측량방법으로 하여야 한다.

④ 도곽선 오른쪽 아래 끝에 '이 도면으로 측량할 수 없음'이라고 기록하여야 한다.

⑤ 위 지적도에 등록된 72-1번지 토지의 경계선상에 등록된 '22.41'은 좌표에 의하여 계산된 경계점간의 각도를 나타낸다.

지적공부의 보존 · 반출 · 공개

보존	❶ **지적소관청**은 지적서고를 설치하고 그 곳에 지적공부를 **영구 보존**하여야 한다. **지적서고**는 지적사무를 처리하는 사무실과 연접하여 실치하여야 한다. ❷ 카드로 된 토지대장 · 임야대장 · 공유지연명부 · 대지권등록부 및 경계점좌표등록부는 100장 단위로 바인더(binder)에 넣어 보관하여야 한다.
반출	❶ 천재지변을 피하기 위하여 필요한 경우 ❷ **시 · 도지사 또는 대도시 시장의** 승인을 받은 경우
열람 발급	❶ **지적공부**를 **열람**하거나 그 등본을 **발급**받으려는 자는 해당 지적소관청에 신청하여야 한다. ❷ **정보처리시스템을 통하여 기록 · 저장된 지적공부를 열람**하거나 그 등본을 **발급**받으려는 경우에는 특별자치시장, 시장 · 군수 또는 구청장이나 읍 · 면 · 동의 장에게 신청할 수 있다.

지적공부의 복구

01 **지적소관청**은 지적공부의 전부 또는 일부가 멸실되거나 훼손된 경우에는 지체 없이 이를 **복구**하여야 한다.

02 지적공부의 **소유자에 관한 사항**은 ❶ 부동산등기부 또는 ❷ 법원의 확정판결에 따라 복구하여야 한다.

03 지적공부의 **토지의 표시**에 관한 사항을 복구하려는 경우
❶ 토지이용계획확인서 ❷ 지적측량 수행계획서 ❸ 지적측량의뢰서 ❹ 지적측량준비도
❺ 개별공시지가자료 등은 사용할 수 **없다.**

부동산종합공부

01 **부동산종합공부**에는 ❶ **토지의 표시와** 소유자에 관한 사항, ❷ **건축물의 표시와** 소유자에 관한 사항, ❸ **토지의** 이용 및 규제에 관한 사항, ❹ **부동산의** 가격에 관한 사항, ❺ **부동산의** 권리에 관한 사항을 등록하여야 한다.

02 **지적소관청**은 '**불일치 등록사항**'에 대해서는 **등록사항을 관리하는 기관의 장**에게 그 내용을 통지하여 등록사항 정정을 요청할 수 있다.

03 부동산종합공부를 열람하거나 기록사항의 전부 또는 일부에 관한 증명서를 발급받으려는 자는 **지적소관청**이나 **읍 · 면 · 동의 장**에게 신청할 수 있다.

04 **토지소유자**는 부동산종합공부의 등록사항에 **잘못이 있음을 발견하면** 지적소관청에 그 **정정**을 신청할 수 있다.

21 공간정보의 구축 및 관리 등에 관한 법령상 지적공부의 보존 및 보관방법 등에 관한 설명으로 **틀린** 것은? (단, 정보처리시스템을 통하여 기록·저장한 지적공부는 제외함)

① 지적공부를 정보처리시스템을 통하여 기록·저장한 경우 관할 시·도지사, 시장·군수 또는 구청장은 그 지적공부를 지적정보관리체계에 영구히 보존하여야 한다.

② 국토교통부장관의 승인을 받은 경우 지적공부를 해당 청사 밖으로 반출할 수 있다.

③ 지적서고는 지적사무를 처리하는 사무실과 연접(連接)하여 설치하여야 한다.

④ 지적소관청은 해당 청사에 지적서고를 설치하고 그 곳에 지적공부를 영구히 보존하여야 한다.

⑤ 카드로 된 토지대장·임야대장·공유지연명부·대지권등록부 및 경계점좌표등록부는 100장 단위로 바인더(binder)에 넣어 보관하여야 한다.

22 공간정보의 구축 및 관리 등에 관한 법령상 지적공부의 보존 등에 관한 설명으로 옳은 것을 모두 고른 것은?

> ㄱ. 지적서고는 지적사무를 처리하는 사무실과 연접(連接)하여 설치하여야 한다.
>
> ㄴ. 지적소관청은 천재지변이나 그 밖에 이에 준하는 재난을 피하기 위하여 필요한 경우에는 지적공부를 해당 청사 밖으로 반출할 수 있다.
>
> ㄷ. 카드로 된 토지대장·임야대장 등은 200장 단위로 바인더(binder)에 넣어 보관하여야 한다.
>
> ㄹ. 지적공부를 정보처리시스템을 통하여 기록·저장한 경우 관할 시·도지사, 시장·군수 또는 구청장은 그 지적공부를 지적정보관리체계에 영구히 보존하여야 한다.

① ㄱ, ㄷ

② ㄴ, ㄹ

③ ㄷ, ㄹ

④ ㄱ, ㄴ, ㄷ

⑤ ㄱ, ㄴ, ㄹ

23 공간정보의 구축 및 관리 등에 관한 법령상 지적공부의 관리 등에 관한 설명으로 옳은 것은?

① 지적공부를 복구할 때에는 멸실·훼손 당시의 지적공부와 가장 부합된다고 인정되는 관계 자료에 따라 토지의 표시에 관한 사항을 복구하여야 한다. 다만, 소유자에 관한 사항은 지적소관청이 직접 조사하여 등록하여야 한다.

② 지적공부의 등본, 개별공시지가 자료, 지적측량의뢰서, 법원의 확정판결서 정본 또는 사본은 지적공부의 토지표시에 관한 복구자료에 해당한다.

③ 정보처리시스템을 통하여 기록·저장된 지적공부를 열람하거나 그 등본을 발급받으려는 경우에는 시·도지사, 시장·군수 또는 구청장이나 읍·면·동의 장에게 신청할 수 있다.

④ 토지소유자가 자기 토지에 대한 지적전산자료를 신청하거나, 토지소유자가 사망하여 그 상속인이 피상속인의 토지에 대한 지적전산자료를 신청하는 경우에는 관계 중앙행정기관의 심사를 받지 아니할 수 있다.

⑤ 지적소관청은 지적공부의 전부 또는 일부가 멸실되거나 훼손되어 이를 복구하고자 하는 경우에는 시·도지사 또는 대도시 시장의 승인을 받아야 한다.

24 공간정보의 구축 및 관리 등에 관한 법령상 부동산종합공부의 등록사항에 해당하지 않는 것은?

① 토지의 표시와 소유자에 관한 사항 : 「공간정보의 구축 및 관리 등에 관한 법률」에 따른 지적공부의 내용

② 건축물의 표시와 소유자에 관한 사항(토지에 건축물이 있는 경우만 해당한다) : 「건축법」에 따른 건축물대장의 내용

③ 토지의 이용 및 규제에 관한 사항 : 「토지이용규제 기본법」에 따른 토지이용계획확인서의 내용

④ 부동산의 보상에 관한 사항 : 「공익사업을 위한 토지 등의 취득 및 보상에 관한 법률」에 따른 부동산의 보상 가격 내용

⑤ 부동산의 가격에 관한 사항 : 「부동산 가격공시 및 감정평가에 관한 법률」에 따른 개별공시지가, 개별주택가격 및 공동주택가격 공시내용

25 공간정보의 구축 및 관리 등에 관한 법령상 부동산종합공부에 관한 설명이다. 틀린 것은 모두 몇 개인가?

> ㄱ. 지적소관청은 부동산종합공부에 등록되는 사항을 관리하는 기관의 장에게 관련자료의 제출을 요구할 수 있다.
>
> ㄴ. 부동산종합공부의 등록사항을 관리하는 기관의 장은 지적소관청에 상시적으로 관련정보를 제공하여야 한다.
>
> ㄷ. 지적소관청은 부동산종합공부의 불일치 등록사항에 대해서는 등록사항을 정정하고, 등록사항을 관리하는 기관의 장에게 그 내용을 통지하여야 한다.
>
> ㄹ. 토지소유자는 부동산종합공부의 등록사항에 잘못이 있음을 발견하면 지적소관청 또는 읍·면·동의 장에게 그 정정을 신청할 수 있다.
>
> ㅁ. 부동산종합공부를 열람하거나 기록사항의 전부 또는 일부에 관한 증명서를 발급받으려는 자는 지적소관청 또는 읍·면·동의 장에게 신청할 수 있다.

① 1개　　　② 2개　　　③ 3개　　　④ 4개　　　⑤ 5개

26 공간정보의 구축 및 관리 등에 관한 법령상 시·도지사 또는 대도시의 시장의 승인을 얻어야 하는 것은?

> ㄱ. 지적공부의 반출
>
> ㄴ. 지적전산정보자료의 이용
>
> ㄷ. 지적공부의 복구
>
> ㄹ. 지번변경
>
> ㅁ. 축척변경

① 1개　　　② 2개　　　③ 3개　　　④ 4개　　　⑤ 5개

지적전산자료의 이용 및 활용

01 지적전산자료(**연속지적도 포함**)를 이용하거나 활용하려는 자는 미리 **관계 중앙행정기관**의 심사를 거쳐 다음의 구분에 따라 신청하여야 한다.

> ❶ **전국 단위**의 지적전산자료   –   **국토교통부장관, 시·도지사 또는 지적소관청**
> ❷ **시·도 단위**의 지적전산자료   –   **시·도지사 또는 지적소관청**
> ❸ **시·군·구 단위**의 지적전산자료   –   **지적소관청**

02 다음의 어느 하나에 해당할 때에는 **관계 중앙행정기관의** 심사를 받지 아니할 수 있다.

> ❶ **중앙행정기관의 장, 그 소속 기관의 장 또는 지방자치단체의 장**이 신청하는 경우
> ❷ **토지소유자 또는 그 상속인**이 지적전산자료를 신청하는 경우

---

27 지적전산자료(연속지적도를 포함한다)의 이용 및 활용에 관한 내용이다. 틀린 것은?

① 지적공부에 관한 전산자료(지적전산자료)를 이용·활용하고자 하는 자는 관계 중앙행정기관의 심사를 거쳐야 한다.

② 시·도 단위의 지적전산자료를 이용하려는 자는 시·도지사 또는 지적소관청에게 신청하여야 한다.

③ 시·군·구 단위의 지적전산자료를 이용하려는 자는 지적소관청에게 신청하여야 한다.

④ 중앙행정기관의 장, 그 소속 기관의 장이 지적전산자료를 신청하는 경우에는 중앙행정기관의 심사를 받지 아니할 수 있다.

⑤ 토지소유자가 사망하여 그 상속인이 피상속인의 토지에 대한 지적전산자료를 신청하는 경우에는 관계 중앙행정기관의 심사를 받아야 한다.

28 공간정보의 구축 및 관리 등에 관한 법령상 연속지적도의 관리 등에 관한 내용으로 틀린 것은?

① "연속지적도"란 지적측량을 하지 아니하고 전산화된 지적도 및 임야도 파일을 이용하여, 도면상 경계점들을 연결하여 작성한 도면으로서 **측량에 활용할 수 없는 도면**을 말한다.

② 국토교통부장관은 연속지적도의 관리 및 정비에 관한 **정책**을 **수립·시행**하여야 한다.

③ 국토교통부장관은 연속지적도를 체계적으로 관리하기 위하여 연속지적도 **정보관리체계**를 **구축·운영**할 수 있다.

④ 국토교통부장관은 지적도·임야도에 등록된 사항에 대하여 토지의 이동 또는 **오류사항**을 **정비**한 때에는 이를 연속지적도에 **반영**하여야 한다.

⑤ 국토교통부장관 또는 지적소관청은 연속지적도 정보관리체계의 구축·운영에 관한 **업무**를 법인, 단체 또는 기관에 **위탁**할 수 있다.

토지이동의 대상토지 총정리

종 류	대상토지	신청의무
신규등록	새로 조성된 토지 또는 지적공부에 등록되어 있지 아니한 토지	60일
등록전환	❶ 「산지관리법」에 따른 산지전용허가·신고, 「건축법」에 따른 건축허가·신고 또는 그 밖의 관계 법령에 따른 개발행위 허가 등을 받은 경우 ❷ 대부분의 토지가 등록전환되어 나머지 토지를 임야도에 계속 존치하는 것이 불합리한 경우 ❸ 임야도에 등록된 토지가 사실상 형질변경 되었으나 지목변경을 할 수 없는 경우 ❹ 도시·군관리계획선에 따라 토지를 분할하는 경우	60일
분 할	❶ 1필지의 일부가 형질변경 등으로 용도가 다르게 된 경우	60일
	❷ 소유권이전·매매 등을 위하여 필요한 경우 ❸ 토지이용상 불합리한 지상 경계를 시정하기 위한 경우	없음
합 병	❶ 「주택법」에 따른 공동주택부지의 경우 ❷ 도로, 제방, 하천, 구거, 유지, 공장용지, 학교용지, 철도용지, 수도용지, 공원, 체육용지 등의 지목으로서 연접하여 있으나 구획 내에 2필지 이상으로 등록된 경우	60일
지목변경	❶ 「국토의 계획 및 이용에 관한 법률」 등 관계 법령에 따른 토지의 형질변경 등의 공사가 준공된 경우 ❷ 토지 또는 건축물의 용도가 변경된 경우 ❸ 도시개발사업 등의 원활한 사업추진을 위하여 사업시행자가 공사 준공 전에 토지합병을 신청한 경우	60일
등록말소	지적공부에 등록된 토지가 지형의 변화 등으로 바다로 된 경우로서 원상(原狀)으로 회복될 수 없거나 다른 지목의 토지로 될 가능성이 없는 경우	90일

토지이동의 종류별 암기사항 총정리

◆ 신규등록의 소유권증명서류와 등기촉탁

01 신규등록을 신청할 때에는 그 사유를 적은 신청서에 다음의 서류를 첨부하여야 한다.

❶ 법원의 확정판결서
❷ 「공유수면 관리 및 매립에 관한 법률」에 따른 준공검사확인증 사본
❸ 도시계획구역 안의 토지를 당해 지방자치단체의 명의로 등록하는 때에는 기획재정부장관과 협의한 문서의 사본
❹ 그 밖에 관계법령에 따라 소유권이 증명되는 서류의 사본

02 지적소관청은 **토지이동**에 따른 토지의 표시변경에 관한 등기를 할 필요가 있는 경우에는 **지체 없이** 관할 등기관서에 그 **등기를 촉탁하여야 한다.** 다만, **신규등록은 제외한다.**

◆ 등록전환의 면적결정방법

01 임야대장의 면적과 등록전환될 면적의 차이가 **허용범위 이내인 경우**에는 **등록전환될 면적**을 등록전환면적으로 결정하고, 임야대장의 면적 등은 정정할 필요가 없다.

02 임야대장의 면적과 등록전환될 면적의 차이가 **허용범위를 초과하는 경우**에는 **등록전환될 면적**을 등록전환면적으로 결정하고, 임야대장의 면적 등을 지적소관청이 직권으로 정정하여야 한다.

◆ 합병의 제한

01 합병하려는 토지에 다음의 등기가 있는 경우에는 합병을 신청할 수 있다.

❶ 소유권·지상권·전세권 또는 임차권의 등기
❷ 승역지에 대한 지역권의 등기
❸ 합병하려는 토지 전부에 대한 등기원인 및 그 연월일과 접수번호가 같은 **저당권등기**
❹ 합병하려는 토지 전부에 대한 등기사항이 같은 **신탁등기**

02 합병하려는 토지에 다음의 등기가 있는 경우에는 합병을 신청할 수 없다.

❶ 저당권·가등기·가압류·가처분·경매개시결정 등기
❷ 요역지에 대한 지역권의 등기
❸ 합병하려는 토지 전부에 대한 등기원인 및 그 연월일과 접수번호가 다른 **저당권등기**
❹ 합병하려는 토지 전부에 대한 등기사항이 다른 **신탁등기**

03 토지의 소유자별 공유지분이 다른 경우에는 **합병을 신청할 수 없다.**

04 토지 소유자의 주소가 다른 경우에는 **합병을 신청할 수 없다.**

◆ **바다로 된 토지의 등록말소 절차**

01 지적소관청은 지적공부에 등록된 토지가 지형의 변화 등으로 바다로 된 경우에는 지적공부에 등록된 **토지소유자**에게 지적공부의 등록말소 신청을 하도록 통지하여야 한다.

02 토지소유자는 지적소관청으로부터 등록말소 신청을 하도록 통지받은 날부터 90일 이내에 **신청**하여야 한다. 다만, 등록말소 신청을 하지 아니하는 때에는 지적소관청이 직권으로 그 지적공부의 등록사항을 말소하여야 한다.

03 지적소관청은 이미 바다로 되어 등록말소된 토지가 지형의 변화 등으로 다시 토지가 된 경우에는 지적측량성과 및 등록말소 당시의 관계자료에 따라 **회복등록을** 할 수 있다.

04 지적소관청은 지적공부의 등록사항을 말소 또는 회복등록한 때에는 그 정리결과를 **토지소유자** 및 **공유수면관리청**에 통지하여야 한다.

29 공간정보의 구축 및 관리 등에 관한 법령상 토지이동과 관련된 다음 설명 중 틀린 것은?

① 산지관리법에 따른 산지전용허가·신고, 산지일시사용허가·신고, 건축법에 따른 건축허가·신고 또는 그 밖의 관계 법령에 따른 개발행위 허가 등을 받은 경우에 토지소유자는 등록전환을 신청할 수 있다.

② 토지소유자의 신청에 의하여 신규등록을 한 경우 지적소관청은 등기관서에 그 변경사항에 관한 등기를 촉탁할 필요가 없다.

③ 1필지의 일부가 용도가 다르게 된 경우에는 토지소유자는 60일 이내에 지적소관청에 분할신청과 함께 지목변경을 신청하여야 한다.

④ 신규등록하는 경우 소유권에 관한 증명서면으로 법원의 확정판결, 준공검사확인증, 등기완료통지서 등을 첨부하여야 한다.

⑤ 토지소유자는 도로, 제방, 하천, 구거 등의 지목으로서 연접하여 있으나 구획 내에 2필지 이상으로 등록된 경우, 그 사유가 발생한 날부터 60일 이내에 지적소관청에 합병을 신청하여야 한다.

30 임야대장등록지의 토지를 토지대장등록지의 토지로 옮겨 등록하는 등록전환에 관련된 설명으로 틀린 것은?

① 토지소유자는 등록전환 사유가 발생한 날부터 60일 이내에 지적소관청에 신청하며, 등록전환 대상토지는 이미 등록된 인접토지와 동일한 축척으로 등록한다.

② 대부분의 토지가 등록전환되어 나머지 토지가 임야대장등록지에 계속 존치할 필요가 없는 경우, 토지소유자는 등록전환을 신청할 수 있다.

③ 도시·군관리계획선에 따라 토지를 분할하는 경우에는 등록전환을 신청할 수 있다.

④ 임야대장의 면적과 등록전환될 면적 차이가 법령에 규정된 허용범위를 초과하는 경우에는 임야대장의 면적 또는 임야도의 경계를 지적소관청이 직권으로 정정하여야 한다.

⑤ 등록전환에 따른 면적을 정할 때 임야대장의 면적과 등록전환될 면적의 차이가 오차의 허용범위 이내인 경우, 임야대장의 면적을 등록전환면적으로 결정한다.

31 공간정보의 구축 및 관리 등에 관한 법령상 토지의 분할에 관한 설명으로 틀린 것은?

① 토지를 분할하는 경우 주거·사무실 등의 건축물이 있는 필지에 대하여는 분할 전의 지번을 우선하여 부여하여야 한다.

② 토지의 매매를 위하여 필요한 경우에는 분할을 신청할 수 있다.

③ 토지이용상 불합리한 지상 경계를 시정하기 위한 경우에는 분할을 신청할 수 있다.

④ 도시개발사업 등의 사업시행자가 사업지구의 경계를 결정하기 위하여 토지를 분할하는 경우에는 지상 건축물을 걸리게 하여 경계를 결정하여서는 아니 된다.

⑤ 지적공부에 등록된 1필지의 일부가 관계 법령에 따른 형질변경 등으로 용도가 다르게 된 때에는 지적소관청에 토지의 분할을 신청하여야 한다.

32 甲토지에 乙토지를 합병하여 토지의 합필등기를 신청하고자 한다. 다음 중 합필등기를 할 수 없는 것은?

① 甲토지와 乙토지 모두에 등기법 제81조 제1항의 등기사항이 같은 신탁등기가 있는 경우

② 甲토지에는 전세권설정등기, 乙토지에는 임차권설정등기가 있는 경우

③ 甲토지와 乙토지 모두에 등기원인 및 그 연월일과 접수번호가 동일한 전세권등기가 있는 경우

④ 甲토지와 乙토지에 모두 가압류등기가 있고, 등기원인 및 그 연월일과 접수번호가 서로 같은 경우

⑤ 甲토지와 乙토지에 모두 근저당권설정등기가 있고, 등기원인 및 그 연월일과 접수번호가 서로 같은 경우

33 공간정보의 구축 및 관리 등에 관한 법령상 토지의 이동신청에 관한 설명으로 틀린 것은?

① 토지소유자는 「주택법」에 따른 공동주택의 부지로서 합병할 토지가 있으면 그 사유가 발생한 날부터 60일 이내에 지적소관청에 합병을 신청하여야 한다.

② 공유수면매립 준공에 의하여 신규등록할 토지가 있는 경우 토지소유자는 그 사유가 발생한 날부터 60일 이내에 관청에 신규등록을 신청하여야 한다.

③ 임야도에 등록된 토지를 도시·군 관리계획선에 따라 분할하는 경우 토지소유자는 등록전환을 신청할 수 있다.

④ 토지소유자는 토지나 건축물의 용도가 변경되어 지목변경을 하여야 할 토지가 있으면 그 사유가 발생한 날부터 60일 이내에 지적소관청에 지목변경을 신청하여야 한다.

⑤ 바다로 되어 말소된 토지가 지형의 변화 등으로 다시 토지가 된 경우 토지소유자는 그 사유가 발생한 날부터 90일 이내에 토지의 회복등록을 지적소관청에 신청하여야 한다.

◆ 등록사항의 정정

01 지적소관청은 등록사항에 잘못이 있음을 발견하면 직권으로 조사·측량하여 정정할 수 있다.

> ❶ 지적측량성과와 다르게 정리된 경우
> ❷ 토지이동정리결의서의 내용과 다르게 정리된 경우
>
> ❸ 지적공부의 **작성 또는 재작성** 당시 잘못 정리된 경우
> ❹ 지적공부의 **등록사항**이 잘못 입력된 경우
> ❺ 면적**환산**이 잘못된 경우
> ❻ 도면에 등록된 필지가 면적의 증감 **없이** 경계의 위치만 잘못된 경우
>
> ❼ 임야대장의 면적과 등록전환될 면적의 차이가 허용범위를 초과하는 경우
> ❽ 지적위원회의 의결서 내용에 따라 등록사항을 정정하여야 하는 경우

02 **토지소유자**는 지적공부의 등록사항에 잘못이 있음을 발견하면 지적소관청에 그 정정을 신청할 수 있다.

토지의 표시정정	❶ 토지소유자가 지적공부의 등록사항에 대한 정정을 신청할 때, **경계** 또는 **면적**의 변경을 가져오는 경우에는 **등록사항 정정 측량성과도**를 지적소관청에 제출하여야 한다. ❷ 토지소유자가 등록사항의 정정을 신청함에 있어 **인접 토지의 경계**가 변경되는 경우에는 **인접 토지소유자의 승낙서** 또는 이에 대항할 수 있는 **확정판결서**를 지적소관청에 제출하여야 한다.
소유자의 표시정정	❶ **등기된 토지**의 등록사항정정 내용이 **토지의 소유자에 관한 사항**(성명, 주소 등)인 경우에는 등기**필증**, 등기**완료통지서**, 등기**사항증명서**에 따라 정정하여야 한다. (단, 등기**신청접수증**은 제외함). ❷ **미등기 토지**의 등록사항정정 내용이 **토지의 소유자에 관한 사항**(성명, 주소 등)인 경우에는 가족**관계 기록사항에 관한 증명서**에 따라 정정하여야 한다.

> **보충 학습** 등록사항 정정 대상토지의 관리(규칙 제94조)
>
> ❶ 지적소관청은 토지의 표시가 잘못되었음을 발견하였을 때에는 지체 없이 등록사항 정정에 필요한 서류와 등록사항 정정 측량성과도를 작성하고, 토지이동정리 결의서를 작성한 후 대장의 사유란에 "등록사항 정정 대상토지"라고 적고, **토지소유자**에게 등록사항 정정 신청을 할 수 있도록 그 사유를 통지하여야 한다.
>
> ❷ 등록사항 정정 대상 토지에 대한 대장을 열람하게 하거나 등본을 발급하는 때에는 "등록사항 정정 대상토지"라고 적은 부분을 흑백의 반전(反轉)으로 표시하거나 붉은색으로 적어야 한다.

34 지적공부의 등록사항에 오류가 있는 경우 지적소관청의 직권으로 정정할 수 있는 사항은?

① 지적도에 등록된 필지의 경계가 지상 경계와 일치하지 않아 면적의 증감이 있는 경우

② 토지이용계획확인서 내용과 다르게 정리된 경우

③ 지적측량을 잘못한 경우

④ 임야대장의 면적과 등록전환될 면적의 차이가 허용범위 이내인 경우

⑤ 지적위원회의 의결서 내용에 따라 등록사항을 정정하여야 하는 경우

35 공간정보의 구축 및 관리 등에 관한 법령상 지적공부의 등록사항정정에 관한 설명으로 틀린 것은?

① 지적도 및 임야도에 등록된 필지가 면적의 증감 없이 경계의 위치만 잘못 등록된 경우 지적소관청이 직권으로 조사·측량하여 정정할 수 있다.

② 토지소유자가 경계 또는 면적의 변경을 가져오는 등록사항에 대한 정정신청을 하는 때에는 정정사유를 기재한 신청서에 등록사항정정측량성과도를 첨부하여 지적소관청에 제출하여야 한다.

③ 등기된 토지의 지적공부 등록사항정정 내용이 토지의 표시에 관한 사항인 경우 등기필정보, 등기사항증명서 또는 등기관서에서 제공한 등기전산정보자료, 등기신청접수증에 따라 정정하여야 한다.

④ 등록사항정정 신청사항이 미등기 토지의 소유자 성명에 관한 사항으로서 명백히 잘못 기재된 경우에는 가족관계기록사항에 관한 증명서에 따라 정정할 수 있다.

⑤ 등록사항 정정 대상 토지에 대한 대장을 열람하게 하거나 등본을 발급하는 때에는 등록사항 정정 대상토지라고 적은 부분을 흑백의 반전(反轉)으로 표시하거나 붉은색으로 적어야 한다.

◆ 축척변경

01 절차

동의	지적소관청은 **토지소유자** 3분의 2**이상의 동의**를 얻어야 한다.
의결	지적소관청은 **축척변경위원회의 의결**을 거쳐야 한다.
승인	지적소관청은 **시·도지사 또는 대도시 시장의** 승인을 받아야 한다.
공고	지적소관청은 승인을 얻은 때에는 지체 없이 20일 **이상 공고**하여야 한다.
경계 표시	❶ 토지소유자 또는 점유자는 **시행공고가 있는 날부터** 30일 **이내**에 현재의 점유상태를 표시하는 **경계점표지를 설치**하여야 한다. ❷ 지적소관청은 축척변경에 관한 측량을 완료하였을 때에는 시행공고일 현재의 **지적공부의 면적과 측량 후의 면적**을 비교하여 그 변동사항을 표시한 지번별 조서를 작성하여야 한다.
청산금	❶ 지적소관청은 축척변경위원회의 의결을 거쳐 **제곱미터 당 금액이 결정되었다는 뜻을** 15일 **이상 공고**하여 열람할 수 있게 한다. ❷ 지적소관청은 청산금의 결정을 공고한 날부터 20일 **이내**에 토지소유자에게 청산금의 납부고지 또는 수령통지를 하여야 한다. ❸ 납부고지를 받은 자는 고지 받은 날부터 6개월 **이내**에 청산금을 지적소관청에 내야 한다. ❹ 지적소관청은 수령통지를 한 날부터 6개월 **이내**에 청산금을 지급하여야 한다. ❺ 청산금에 관하여 이의가 있는 자는 납부고지 또는 수령통지를 받은 날부터 1개월 **이내**에 **지적소관청에 이의신청**을 할 수 있다. ❻ 이의신청을 받은 **지적소관청**은 1개월 **이내**에 축척변경위원회의 **심의·의결**을 거쳐 지체 없이 그 내용을 이의신청인에게 **통지**하여야 한다.
확정 공고	**청산금의 납부 및 지급이 완료된 때**에는 지체 없이 축척변경의 **확정공고**를 하여야 한다. 이 경우 확정공고일에 **토지의 이동**이 있는 것으로 본다.

02 축척변경위원회

구 성	❶ 5명 **이상** 10명 **이내**의 위원으로 구성하되, 위원의 2분의 1 **이상**을 토지소유자로 하여야 한다. 이 경우 **토지소유자가** 5명 **이하**일 때에는 **토지소유자** 전원을 위원으로 위촉하여야 한다. ❷ 축척변경위원회 위원은 축척변경 시행지역의 토지소유자로서 **지역 사정에 정통한 사람**과 지적에 관하여 **전문지식을 가진 사람** 중에서 지적소관청이 위촉한다.
심의 의결	**축척변경위원회**는 지적소관청이 회부하는 **다음 사항을 심의·의결한다.** ❶ 지번별 제곱미터당 금액의 결정 ❷ 청산금의 산정에 관한 사항 ❸ 청산금의 이의신청에 관한 사항 ❹ 축척변경 시행계획에 관한 사항

36 공간정보의 구축 및 관리 등에 관한 법령상 축척변경에 관한 설명이다. (   )안에 들어 갈 내용으로 옳은 것은?

> • 지적소관청은 축척변경을 하려면 축척변경 시행지역의 토지소유자 (㉠)의 동의를 받아 축척변경위원회의 의결을 거친 후 (㉡)의 승인을 받아야 한다.
>
> • 축척변경 시행지역의 토지소유자 또는 점유자는 시행공고일부터 (㉢) 이내에 시행 공고일 현재 점유하고 있는 경계에 경계점표지를 설치하여야 한다.
>
> • 지적소관청은 청산금에 관한 수령통지를 한 날부터 (㉣) 이내에 청산금을 내야 한다.

	㉠	㉡	㉢	㉣
①	2분의 1 이상	국토교통부장관	30일	1개월
②	2분의 1 이상	시·도지사 또는 대도시 시장	60일	3개월
③	2분의 1 이상	국토교통부장관	60일	3개월
④	3분의 2 이상	시·도지사 또는 대도시 시장	30일	6개월
⑤	3분의 2 이상	국토교통부장관	60일	6개월

37 공간정보의 구축 및 관리 등에 관한 법령상 축척변경위원회의 심의·의결사항으로 틀린 것은?

① 지번별 제곱미터당 금액의 결정에 관한 사항

② 축척변경 승인에 관한 사항

③ 청산금의 산정에 관한 사항

④ 청산금의 이의신청에 관한 사항

⑤ 축척변경 시행계획에 관한 사항

◆ 사업시행자의 토지이동신청

01 도시**개발**사업, 농어촌**정비**사업 또는 토지**개발**사업 등과 관련하여 토지의 이동이 필요한 경우에는 해당 **사업 시행자**가 지적소관청에 토지의 이동을 **신청**하여야 한다.

02 도시개발사업 등의 착수 또는 변경의 신고가 된 **토지의 소유자가 해당 토지의 이동을 원하는 경우에는** 해당 사업 시행자에게 그 토지의 이동을 신청하도록 **요청**하여야 한다.

03 주택건설사업의 시행자가 파산 등의 이유로 토지의 이동신청을 할 수 없는 때에는
❶ **주택의 시공을 보증한 자** 또는 ❷ **입주예정자** 등이 신청할 수 있다.

04 도시개발사업 등의 **사업시행자**는 그 사업의 착수·변경 또는 완료 사실을 그 신고사유가 발생한 날부터 15일 **이내**에 지적소관청에 **신고**하여야 한다.

05 신청대상지역이 **환지를 수반하는 경우**에는 **사업완료**신고로써 토지이동신청에 갈음할 수 있다.

06 다음의 어느 하나에 해당하는 자는 토지소유자가 하여야 하는 신청을 대신할 수 있다.

❶ 공공사업 등에 따라 학교용지·도로·철도용지·제방·하천·구거·유지·수도용지 등의 지목으로 되는 토지인 경우	**사업시행자**
❷ 국가나 지방자치단체가 취득하는 토지인 경우	**행정기관의 장 또는 지방자치단체의 장**
❸ 「주택법」에 따른 공동주택의 부지인 경우	**관리인 또는 사업시행자**
❹ 「민법」 제404조에 따라 자신의 채권을 보전하기 위한 경우	**채권자**

07 **도시개발사업** 등으로 인한 토지의 이동은 토지의 형질변경 등의 공사가 준공된 때 그 이동이 이루어진 것으로 본다.

38 도시개발사업 등의 시행지역에서 토지이동의 신청에 관한 설명으로 옳은 것은?
① 「농어촌정비법」에 따른 농어촌정비사업의 시행자는 그 사업의 착수·변경 및 완료 사실을 시·도지사에게 신고하여야 한다.
② 도시개발사업 등의 착수·변경 또는 완료사실의 신고는 그 사유가 발생한 날부터 20일 내에 지적소관청에 하여야 한다.
③ 주택건설사업의 시행자가 파산 등의 이유로 토지이동신청을 할 수 없는 때에는 그 주택의 시공을 보증한 자 또는 입주예정자가 신청할 수 있다.
④ 「주택법」에 따른 주택건설사업의 시행자가 파산 등의 이유로 토지의 이동 신청을 할 수 없을 때에는 토지소유자가 신청할 수 있다
⑤ 도시개발사업 등으로 인한 토지의 이동은 토지의 형질변경 등의 공사가 착수된 때 그 이동이 있는 것으로 본다.

◆ **지적정리**

지적소관청은 지적공부의 등록사항에 관한 **토지의 이동**이 있는 경우에는 토지이동정리결의서를, **토지소유자의 변동** 등에 따른 지적공부를 정리하려는 경우에는 소유자정리결의서를 각각 작성하여 지적공부를 정리하여야 한다.

◆ **토지소유자 정리**

01 지적공부에 등록된 **토지소유자의 변경사항**은 등기관서에서 등기한 것을 증명하는 **등기완료통지서, 등기필증, 등기사항증명서 또는 등기관서에서 제공한 등기전산정보자료**에 따라 정리한다. 다만, 신규등록하는 토지의 소유자는 **지적소관청**이 직접 조사하여 등록한다.

02 등기부에 적혀 있는 **토지의 표시**가 지적공부와 **일치하지 아니하면** 등기사항증명서 등에 따라 토지소유자를 정리할 수 없다. 이 경우 토지의 표시와 지적공부가 일치하지 아니하다는 사실을 관할 등기관서에 통지하여야 한다.

39 공간정보 구축 및 관리 등에 관한 법령상 토지소유자의 정리 등에 관한 설명으로 틀린 것은?

> ㄱ. 지적소관청은 등기부에 적혀 있는 토지의 표시가 지적공부와 일치하지 아니하면 토지소유자를 정리한 후, 그 뜻을 관할 등기관서에 통지하여야 한다.
> ㄴ. 토지소유자의 변동 등에 따른 지적공부를 정리하려는 경우에는 토지이동정리결의서를 작성하여 지적공부를 정리하여야 한다.
> ㄷ. 지적공부에 신규등록하는 토지의 소유자에 관한 사항은 등기관서에서 등기한 것을 증명하는 등기필증, 등기완료통지서, 등기사항증명서 또는 등기관서에서 제공한 등기전산정보자료에 따라 정리한다.
> ㄹ. 지적소관청은 필요하다고 인정하는 경우에는 관할 등기관서의 등기부를 열람하여 지적공부와 부동산등기부가 일치하는지 여부를 조사·확인하여야 한다.
> ㅁ. 지적소관청 소속 공무원이 지적공부와 부동산등기부의 부합 여부를 확인하기 위하여 등기전산정보자료의 제공을 요청하는 경우 그 수수료는 무료로 한다.

① 1개　　② 2개　　③ 3개　　④ 4개　　⑤ 5개

지적측량의 절차

지적기준점을 정하기 위하여 측량이 필요한 때	기초**측량**
지적공부의 **복구**시 측량이 필요한 때	복구**측량**
신규등록시 측량이 필요한 때	신규등록**측량**
등록전환시 측량이 필요한 때	등록전환**측량**
토지의 **분할**시 측량이 필요한 때	분할**측량**
바다로 된 토지의 **등록말소**에 필요한 때	등록말소**측량**
지적공부의 **등록사항정정**시 측량이 필요한 때	등록사항정정**측량**
축척변경시 측량이 필요한 때	축척변경**측량**
도시개발사업 등으로 인한 토지의 이동시 측량이 필요한 때	지적확정**측량**
지적측량수행자가 한 측량을 시·도지사, 대도시 시장 또는 지적소관청이 **검사**할 때	검사**측량**
경계점을 지표상에 **복원**함에 있어 측량이 필요한 때	경계복원**측량**
지상건축물 등의 **현황**을 도면에 등록된 경계와 대비하여 표시하는 데 필요한 때	지적현황**측량**
지적재조사사업에 따라 토지의 이동이 있는 경우	지적재조사**측량**

01 지적측량을 의뢰하고자 하는 자는 **지적측량 의뢰서**를 지적측량수행자에게 제출하여야 한다.

02 지적측량수행자가 지적측량 의뢰를 받은 때에는 **지적측량 수행계획서**를 그 다음 날까지 지적소관청에 제출하여야 한다.

03 검사측량 및 지적재조사측량은 토지소유자 등 이해관계인이 **지적측량수행자에게** 의뢰할 수 없다.

보충 학습 **검사측량**

❶ 지적측량수행자가 지적측량을 하였으면 시·도지사, 대도시 시장 또는 지적소관청으로부터 측량성과에 대한 검사를 받아야 한다.

❷ 경위의측량에 의하는 **지적확정측량성과**인 경우에는 **다음의 구분에 따라 검사를 받아야 한다.**
- 국토교통부장관이 정하여 고시하는 **면적 규모** 이상의 지적확정측량성과인 경우에는 **시·도지사 또는 대도시 시장**에게 검사를 받아야 한다.
- 국토교통부장관이 정하여 고시하는 **면적 규모** 미만의 지적확정측량성과인 경우에는 **지적소관청**에게 검사를 받아야 한다.

❸ **경계복원측량 및 지적현황측량**은 측량성과에 대한 검사를 **받지 아니한다.**

보충 학습 **지적재조사사업**

※ **국토교통부장관**은 지적재조사사업을 효율적으로 시행하기 위하여 지적재조사사업에 관한 기본 계획을 수립하여야 한다.

40 공간정보의 구축 및 관리 등에 관한 법령상 지적측량을 실시하여야 할 대상으로 **틀린** 것은?

① 「지적재조사에 관한 특별법」에 따른 지적재조사사업에 따라 토지의 이동이 있는 경우로서 측량을 할 필요가 있는 경우

② 지적측량수행자가 실시한 측량성과에 대하여 지적소관청이 검사를 위해 필요한 경우

③ 연속지적도에 있는 경계점을 지상에 표시하기 위해 측량을 하는 경우

④ 지상건축물 등의 현황을 지적도 및 임야도에 등록된 경계와 대비하여 표시하기 위해 측량을 할 필요가 있는 경우

⑤ 도시개발사업 등으로 인한 토지의 이동시 측량을 할 필요가 있는 경우

41 공간정보의 구축 및 관리 등에 관한 법령상 지적측량을 하여야 하는 경우가 **아닌** 것은?

① 지적측량성과를 검사하는 경우

② 경계점을 지상에 복원하는 경우

③ 지상건축물 등의 현황을 지적도 및 임야도에 등록된 경계와 대비하여 표시하는 데에 필요한 경우

④ 위성기준점 및 공공기준점을 설치하는 경우

⑤ 바다가 된 토지의 등록을 말소하는 경우로서 지적측량을 할 필요가 있는 경우

42 공간정보의 구축 및 관리 등에 관한 법령상 토지소유자 등 이해관계인이 지적측량수행자에게 지적측량을 의뢰하여야 하는 경우가 **아닌** 것을 모두 고른 것은? (단, 지적측량을 할 필요가 있는 경우임)

> ㄱ. 지적측량성과를 검사하는 경우
>
> ㄴ. 토지를 등록전환하는 경우
>
> ㄷ. 축척을 변경하는 경우
>
> ㄹ. 「지적재조사에 관한 특별법」에 따른 지적재조사사업에 따라 토지의 이동이 있는 경우

① ㄱ, ㄴ

② ㄱ, ㄹ

③ ㄷ, ㄹ

④ ㄱ, ㄴ, ㄷ

⑤ ㄴ, ㄷ, ㄹ

중앙지적위원회와 축척변경위원회

	중앙지적위원회(영 제20조)	축척변경위원회(영 제79조)
구 성	5명 이상 10명 이하의 위원으로 구성	5명 이상 10명 이하의 위원으로 구성 (1/2분 이상을 토지소유자로 하여야 함)
회 의	❶ 회의 소집 ➡ 회의 5일 전까지 위원에게 서면통지 ❷ 개의 ➡ 재적위원 과반수 출석 의결 ➡ 출석위원 과반수 찬성	
심의 · 의결	❶ 지적측량적부의 재심사 ※ 지방지적위원회 ➡ 지적측량적부의 심사 ❷ 지적 관련 정책 개발 및 업무 개선 ❸ 지적측량기술의 연구·개발 및 보급 ❹ 지적기술자의 양성에 관한 사항 ❺ 지적기술자의 업무정지 및 징계요구	❶ 지번별 제곱미터당 금액의 결정과 청산금의 산정에 관한 사항 ❷ 청산금의 이의신청에 관한 사항 ❸ 축척변경 시행계획에 관한 사항 ❹ 그 밖에 축척변경과 관련하여 지적소관청이 회의에 부치는 사항

43 지방지적위원회의 심의 · 의결사항으로 옳은 것은?

① 지적측량에 대한 적부심사(適否審査) 청구사항

② 지적측량기술의 연구 · 개발 및 보급에 관한 사항

③ 지적 관련 정책 개발 및 업무 개선 등에 관한 사항

④ 지적기술자의 업무정지 처분 및 징계요구에 관한 사항

⑤ 지적분야 측량기술자의 양성에 관한 사항

44 중앙지적위원회의 심의 · 의결사항으로 틀린 것은?

① 지적기술자의 양성에 관한 사항

② 지적측량기술의 연구 · 개발 및 보급에 관한 사항

③ 지적재조사 기본계획의 수립 및 변경에 관한 사항

④ 지적 관련 정책 개발 및 업무 개선 등에 관한 사항

⑤ 지적기술자의 업무정지 처분 및 징계요구에 관한 사항

숫자 총정리

◆ 축척변경 절차에 관한 기간

01 지적소관청은 축척변경을 하려면 축척변경 시행지역의 토지소유자 3분의 2 **이상의 동의**를 받아 **축척변경위원회의 의결**을 거친 후 **시·도지사 또는 대도시 시장의 승인**을 받아야 한다.

02 지적소관청은 시·도지사 또는 대도시 시장으로부터 축척변경 **승인**을 받았을 때에는 지체 없이 20일 **이상 공고**하여야 한다.

03 축척변경 시행지역의 토지소유자 또는 점유자는 시행공고일로부터 30일 **이내**에 시행공고일 현재 점유하고 있는 경계에 **경계점표지를 설치**하여야 한다.

04 지적소관청은 청산금을 산정하였을 때에는 청산금 조서를 작성하고, 청산금이 결정되었다는 뜻을 15일 **이상 공고**하여 일반인이 열람할 수 있게 하여야 한다.

05 지적소관청은 청산금의 결정을 공고한 날부터 20일 **이내**에 토지소유자에게 청산금의 **납부고지** 또는 **수령통지**를 하여야 한다.

06 납부고지를 받은 자는 그 고지를 받은 날부터 6개월 **이내**에 청산금을 지적소관청에 **내야 한다.**

07 지적소관청은 수령통지를 한 날부터 6개월 **이내**에 청산금을 **지급하여야 한다.**

08 납부고지되거나 수령통지된 청산금에 관하여 이의가 있는 자는 납부고지 또는 수령통지를 받은 날부터 1개월 **이내**에 **지적소관청**에 **이의신청**을 할 수 있다.

09 이의신청을 받은 **지적소관청**은 1개월 **이내**에 **축척변경위원회의 심의·의결**을 거쳐 그 인용(認容) 여부를 결정한 후 지체 없이 그 내용을 이의신청인에게 통지하여야 한다.

10 축척변경위원회는 5명 이상 10명 이하의 위원으로 구성하되, 위원의 2분의 1 **이상**을 토지소유자로 하여야 한다. 이 경우 그 축척변경시행지역의 토지소유자가 5명 **이하**일 때에는 토지소유자 전원을 위원으로 위촉하여야 한다.

11 위원장은 축척변경위원회의 회의를 소집할 때에는 회의일시·장소 및 심의안건을 회의 개최 5일 전까지 각 위원에게 서면으로 **통지**하여야 한다.

12 축척변경위원회의 회의는 위원장을 포함한 재적위원 과반수**의 출석**으로 개의(開議)하고, 출석위원 과반수**의 찬성**으로 의결한다.

◆ 도시개발사업 등의 착수·변경 및 완료신고기간

「도시개발법」에 따른 도시개발사업, 「농어촌정비법」에 따른 농어촌정비사업, 그 밖에 대통령령으로 정하는 토지개발사업의 시행자는 15일 **이내**에 그 사업의 착수·변경 및 완료 사실을 **지적소관청**에 신고하여야 한다.

◆ 지적정리의 통지기간

01 토지의 표시에 관한 변경등기가 필요한 경우는
그 **등기완료통지서를 접수한 날부터** 15일 **이내**

02 토지의 표시에 관한 변경등기가 필요하지 아니한 경우는
지적공부에 등록한 날부터 7일 **이내**

◆ 지적측량 절차에 관한 기간

01 지적측량의 **측량기간**은 5일로 하며, **측량검사기간**은 4일로 한다.

02 지적기준점을 설치하는 경우 지적기준점이 **15점 이하**인 경우에는 4일을, **15점을 초과**하는 경우에는 **4일에 15점을 초과**하는 4점마다 1일을 가산한다.

03 지적측량 의뢰인과 지적측량수행자가 서로 합의하여 따로 기간을 정하는 경우에는 그 기간에 따르되, 전체 기간의 4분의 3은 **측량기간**으로, 전체 기간의 4분의 1은 **측량검사기간**으로 본다.

◆ 지적측량적부심사절차에 관한 기간

01 지적측량적부심사청구를 받은 시·도지사는 30일 **이내**에 지방지적위원회에 회부하여야 한다.

02 지적측량 적부심사청구를 회부받은 지방지적위원회는 그 심사청구를 회부받은 날부터 60일 **이내에 심의·의결**하여야 한다. 다만, **부득이한 경우에는** 그 심의기간을 해당 지적위원회의 의결을 거쳐 30일 **이내**에서 **한 번만 연장**할 수 있다.

03 지방지적위원회는 지적측량 적부심사를 의결하였으면 **지체 없이** 의결서를 작성하여 **시·도지사에게 송부**하여야 한다.

04 시·도지사는 의결서를 받은 날부터 7일 **이내**에 지적측량 **적부심사 청구인** 및 **이해관계인**에게 그 의결서를 **통지**하여야 한다.

05 의결서를 받은 자가 지방지적위원회의 의결에 불복하는 경우에는 그 의결서를 받은 날부터 90일 **이내**에 국토교통부장관을 거쳐 중앙지적위원회에 **재심사를 청구**할 수 있다.

06 중앙지적위원회는 위원장 1명과 부위원장 1명을 포함하여 5명 **이상** 10명 **이하**의 위원으로 구성한다.

07 중앙지적위원회의 회의는 재적위원 **과반수의 출석**으로 개의하고, 출석위원 **과반수의 찬성**으로 의결한다.

08 중앙지적위원회의 회의를 소집할 때에는 회의 일시·장소 및 심의 안건을 회의 5일 **전**까지 각 위원에게 서면으로 **통지**하여야 한다.

숫자 총정리 (연습)

◆ 축척변경 절차에 관한 기간

01 지적소관청은 축척변경을 하려면 축척변경 시행지역의 토지소유자 ( )분의 ( ) 이상의 동의를 받아 **축척변경위원회의 의결**을 거친 후 **시·도지사 또는 대도시 시장의 승인**을 받아야 한다.

02 지적소관청은 시·도지사 또는 대도시 시장으로부터 축척변경 **승인**을 받았을 때에는 지체 없이 ( )**일 이상 공고**하여야 한다.

03 축척변경 시행지역의 토지소유자 또는 점유자는 시행공고일로부터 ( )**일 이내**에 시행공고일 현재 점유하고 있는 경계에 **경계점표지를 설치**하여야 한다.

04 지적소관청은 청산금을 산정하였을 때에는 청산금 조서를 작성하고, 청산금이 결정되었다는 뜻을 ( )**일 이상 공고**하여 일반인이 열람할 수 있게 하여야 한다.

05 지적소관청은 청산금의 결정을 공고한 날부터 ( )**일 이내**에 토지소유자에게 청산금의 **납부고지** 또는 **수령통지**를 하여야 한다.

06 납부고지를 받은 자는 그 고지를 받은 날부터 ( )**개월 이내**에 청산금을 지적소관청에 **내야 한다.**

07 지적소관청은 수령통지를 한 날부터 ( )**개월 이내**에 청산금을 **지급하여야 한다.**

08 납부고지되거나 수령통지된 청산금에 관하여 이의가 있는 자는 납부고지 또는 수령통지를 받은 날부터 ( )**개월 이내**에 **지적소관청**에 **이의신청**을 할 수 있다.

09 이의신청을 받은 **지적소관청**은 ( )**개월 이내**에 **축척변경위원회의 심의·의결**을 거쳐 그 인용 (認容) 여부를 결정한 후 지체 없이 그 내용을 이의신청인에게 통지하여야 한다.

10 축척변경위원회는 **5명 이상** ( )**명 이하**의 위원으로 구성하되, 위원의 ( )**분의 1 이상**을 토지소유자로 하여야 한다. 이 경우 그 축척변경시행지역의 토지소유자가 ( )**명 이하**일 때에는 토지소유자 **전원**을 위원으로 위촉하여야 한다.

11 위원장은 축척변경위원회의 회의를 소집할 때에는 회의일시·장소 및 심의안건을 회의 개최 ( )**일** 전까지 각 위원에게 서면으로 **통지**하여야 한다.

12 축척변경위원회의 회의는 위원장을 포함한 재적위원 ( )**의 출석**으로 개의(開議)하고, 출석위원 ( )**의 찬성**으로 의결한다.

◆ 도시개발사업 등의 착수·변경 및 완료신고기간

「도시개발법」에 따른 도시개발사업, 「농어촌정비법」에 따른 농어촌정비사업, 그 밖에 대통령령으로 정하는 토지개발사업의 시행자는 ( )**일 이내**에 그 사업의 착수·변경 및 완료 사실을 **지적소관청**에 신고하여야 한다.

◆ **지적정리의 통지기간**

---

01 토지의 표시에 관한 변경등기가 필요한 경우는
그 **등기완료통지서를 접수한 날부터 (   )일 이내**

02 토지의 표시에 관한 변경등기가 필요하지 아니한 경우는
지적공부에 등록한 날부터 (   )일 이내

◆ **지적측량 절차에 관한 기간**

01 지적측량의 **측량기간**은 (   )**일**로 하며, **측량검사기간**은 (   )**일**로 한다.

02 지적기준점을 설치하는 경우 지적기준점이 **15점 이하**인 경우에는 (   )**일**을, **15점을 초과**하는
경우에는 **4일**에 **15점을 초과**하는 (   )**점**마다 (   )**일**을 가산한다.

03 지적측량 의뢰인과 지적측량수행자가 서로 합의하여 따로 기간을 정하는 경우에는 그 기간에
따르되, 전체 기간의 **4분의 (   )**은 **측량기간**으로, 전체 기간의 **4분의 (   )**은 **측량검사기간**
으로 본다.

◆ **지적측량적부심사절차에 관한 기간**

01 지적측량적부심사청구를 받은 시·도지사는 (   )**일 이내**에 지방지적위원회에 회부하여야 한다.

02 지적측량 적부심사청구를 회부받은 지방지적위원회는 그 심사청구를 회부받은 날부터 (   )**일
이내에 심의·의결**하여야 한다. 다만, **부득이한 경우에는** 그 심의 기간을 해당 지적위원회의
의결을 거쳐 (   )**일 이내**에서 **한 번만 연장**할 수 있다.

03 지방지적위원회는 지적측량 적부심사를 의결하였으면 **지체 없이** 의결서를 작성하여 **시·도지
사에게 송부**하여야 한다.

04 시·도지사는 의결서를 받은 날부터 (   )**일 이내**에 지적측량 **적부심사 청구인** 및 **이해관계인**
에게 그 의결서를 **통지**하여야 한다.

05 의결서를 받은 자가 지방지적위원회의 의결에 불복하는 경우에는 그 의결서를 받은 날부터
(   )**일 이내**에 국토교통부장관을 거쳐 중앙지적위원회에 **재심사**를 **청구**할 수 있다.

06 중앙지적위원회는 위원장 1명과 부위원장 1명을 포함하여 **5명 이상 (   )명 이하**의 위원으로
구성한다.

07 중앙지적위원회의 회의는 재적위원 (   )**의 출석**으로 개의하고, 출석위원 (   )**의 찬성**
으로 의결한다.

08 중앙지적위원회의 회의를 소집할 때에는 회의 일시·장소 및 심의 안건을 회의 (   )**일 전**까지
각 위원에게 서면으로 **통지**하여야 한다.

PART

02

부동산등기법

등기의 당사자 능력

등기신청적격이 있는 경우	등기신청적격이 없는 경우
❶ 자연인, 법인, 외국인	❶ 태아
❷ 법인 아닌 사단·재단 (종중·아파트입주자대표회의)	
❸ 학교법인	❸ 학교 – 국립·공립·사립
❹ 특별법상 조합 (농협, 축협, 수협)	❹ 민법상 조합
❺ 지방자치단체 (시·도, 시·군·구)	❺ 읍·면·동·리

보충 학습 | 관련 판례

❷ 법인 아닌 사단·재단의 경우에는
법인 아닌 사단·재단 명의로 그 대표자가 등기를 신청한다.　　(※대표자 명의✘)

❹ 민법상 조합의 경우에는
조합원 전원 명의로 합유 등기를 신청하여야 한다.　　(※민법상 조합 명의✘)

❺ 자연부락(동·리)의 구성원들이 법인 아닌 사단을 설립한 경우에는
자연부락(동·리) 명의로 그 대표자가 등기를 신청한다.　　(※대표자 명의✘)

01 등기신청적격에 관한 설명으로 틀린 것은?

① 외국인은 법령이나 조약의 제한이 없는 한 자기 명의로 등기신청을 하고 등기명의인이 될 수 있다.

② 사립대학이 부동산을 기증받은 경우에도, 학교 명의로 소유권이전등기를 할 수 없다.

③ 민법상 조합 명의로 등기를 신청할 수 없으므로, 조합원 전원 명의로 합유등기를 신청하여야 한다.

④ 법인 아닌 사단·재단에 속하는 부동산에 관한 등기는 그 사단·재단의 대표자 명의로 신청할 수 있다.

⑤ 동(洞) 명의로 동민들이 법인 아닌 사단을 설립한 경우에는 그 대표자가 동 명의로 등기신청을 할 수 있다.

공동신청

구분		등기의무자	등기권리자
소유권이전등기	상속	✕	상속인
	토지수용	✕	사업시행자
	매매	매도인	매수인
	유증	유언집행자 또는 상속인	수증자

구분		등기의무자	등기권리자
저당권설정등기		저당권설정자	저당권자
저당권변경등기	채권액 증액	저당권설정자	저당권자
	채권액 감액	저당권자	저당권설정자
저당권이전등기		저당권양도인	저당권양수인
저당권말소등기		저당권자	저당권설정자

보충 학습 기출지문 연습

(1) 甲이 자신의 부동산에 설정해 준 乙명의의 저당권설정등기를 말소하는 경우, 절차법상 등기의무자는 乙이다. (※등기권리자 – 甲)

(2) 甲소유로 등기된 토지에 설정된 乙명의의 근저당권을 丙에게 이전하는 등기를 신청하는 경우, 등기의무자는 乙이다. (※등기권리자 – 丙)

(3) 甲소유로 등기된 토지에 설정된 乙명의의 근저당권을 丙에게 이전한 후, 근저당권을 말소하는 경우, 등기의무자는 丙이다. (※등기권리자 – 甲)

단독신청

판결에 의한 등기	❶ 등기절차의 **이행 또는 인수를 명하는** 판결에 의한 등기는 승소한 등기권리자 또는 등기의무자가 단독으로 신청한다. ❷ 공유물을 분할하는 판결에 의한 등기는 등기권리자 또는 등기의무자가 단독으로 신청한다. ❸ 승소한 등기권리자는 등기필정보를 등기소에 **제공할 필요가 없지만**, 승소한 등기의무자는 등기필정보를 등기소에 **제공하여야 한다.** ❹ 소유권이전등기절차의 이행을 명하는 확정판결을 받았다면 그 확정시기가 **언제인가에 관계없이** 등기를 신청할 수 있다. ❺ 법 제23조의 판결은 확정판결을 의미하므로 반드시 확정증명서를 첨부하여야 한다. 그러나 송달증명을 첨부하거나 집행문을 부여받을 필요는 없다.
말소등기	❶ 등기명의인인 사람의 사람의 사망 또는 법인의 해산으로 그 권리가 소멸하였을 때에는, 등기권리자는 그 사실을 증명하여 단독으로 말소등기를 신청할 수 있다. ❷ 등기권리자가 등기의무자의 소재불명으로 인하여 말소등기를 공동신청할 수 없을 때에는 **제권판결**을 받아 단독신청할 수 있다. ❸ 소유권과 소유권을 목적으로 한 다른 권리 등이 혼동으로 소멸하는 경우 소유자 또는 소유권외의 권리자는 단독으로 말소등기를 신청할 수 있다.
소유권보존등기	등기권리자가 단독으로 신청할 수 있다.
소유권이전등기	❶ **상속** : 피상속인이 사망한 경우에는, **상속인(등기권리자)**이 단독신청한다. ❷ **토지수용** : 토지수용의 경우, **사업시행자(등기권리자)**가 단독신청한다.
신탁등기	❶ 신탁재산에 속하는 부동산의 신탁등기는 **수탁자**가 단독신청한다. ❷ 신탁등기의 말소등기는 **수탁자**가 단독으로 신청한다.
변경등기	**부동산변경등기, 등기명의인표시변경등기**는 **등기권리자**가 단독신청한다.
멸실등기	부동산이 전부 멸실된 경우 **소유권의 등기명의인**은 1개월 이내에 멸실등기를 단독으로 신청하여야 한다.
가등기	❶ **가등기권리자**는 **가등기의무자의 승낙을 받아** 단독신청할 수 있다. ❷ **가등기권리자**는 **법원의 가처분명령을 받아** 단독신청할 수 있다. ❶ **가등기명의인**은 **인감증명을 첨부하여** 단독으로 가등기의 말소를 신청할 수 있다. ❷ **가등기의무자** 또는 **등기상 이해관계 있는 제3자**는 **가등기명의인의 승낙을 받아** 단독으로 가등기의 말소를 신청할 수 있다.

02 확정판결에 의한 소유권이전등기신청과 관련된 내용이다. 옳은 것은?

① 승소한 등기권리자는 등기의무자의 등기필정보를 등기소에 제공하여야 한다.

② 소유권이전등기말소청구의 소를 제기하여 승소판결을 받은 자가 그 판결에 의한 등기신청을 하지 아니하는 경우, 패소한 등기의무자가 그 판결에 기하여 직접 말소등기를 신청하거나 대위등기를 할 수 있다.

③ 소유권이전등기의 이행판결에 가집행이 붙은 경우, 판결이 확정되지 아니하여도 가집행선고에 의한 소유권이전등기를 신청할 수 있다.

④ 확정된 지 10년이 경과하여 그 소멸시효가 완성된 경우에는 그 판결에 따른 등기신청을 할 수 없다.

⑤ 공유물분할판결이 확정되면 등기의무자가 그에 따른 등기를 단독으로 신청할 수 있다.

03 다음 중 단독으로 신청할 수 있는 등기만을 열거한 것은?

① 부동산표시변경등기, 법인의 합병으로 인한 소유권이전등기, 사인증여를 원인으로 한 소유권이전등기

② 상속으로 인한 소유권이전등기, 신탁등기의 말소등기, 포괄유증으로 인한 소유권이전등기

③ 신탁등기의 말소등기, 소유권보존등기의 말소등기, 등기명의인표시변경등기

④ 소유권보존등기, 수용에 인한 소유권이전등기, 특정유증에 의한 소유권이전등기

⑤ 소유권보존등기의 말소등기, 신탁등기, 공공용지의 협의취득을 원인으로 한 소유권이전등기

04 등기권리자 또는 등기명의인이 단독으로 신청하는 등기에 관한 설명으로 틀린 것을 모두 고른 것은?

ㄱ. 등기명의인표시변경등기는 해당 권리의 등기명의인이 단독으로 신청할 수 있다.

ㄴ. 수용으로 인한 소유권이전등기를 하는 경우, 등기권리자는 그 목적물에 설정되어 있는 근저당권설정등기의 말소등기를 단독으로 신청하여야 한다.

ㄷ. 이행판결에 의한 등기는 승소한 등기권리자가 단독으로 신청할 수 있다.

ㄹ. 말소등기에 관한 이해관계 있는 제3자의 승낙이 있는 경우, 그 제3자 명의의 등기는 등기권리자가 단독으로 말소신청하여야 한다.

ㅁ. 등기의 말소를 공동으로 신청해야 하는 경우, 등기의무자의 소재불명으로 제권판결을 받으면 등기권리자는 그 사실을 증명하여 단독으로 등기의 말소를 신청할 수 있다.

① ㄱ, ㄷ　　　　② ㄱ, ㄹ　　　　③ ㄴ, ㄹ
④ ㄴ, ㅁ　　　　⑤ ㄷ, ㅁ

대위신청

포괄 승계인	❶ 甲, 乙 간의 매매 후 등기 전에 매도인 甲이 사망한 경우, 甲의 상속인 丙은 乙과 공동으로 乙**명의의 소유권이전등기**를 신청할 수 있다. ❷ 甲, 乙 간의 매매 후 등기 전에 매수인 乙이 사망한 경우, 乙의 상속인 丙은 甲과 공동으로 丙**명의의 소유권이전등기**를 신청할 수 있다.
채권자	❶ 甲소유의 부동산에 대하여 甲 → 乙 → 丙 순으로 매매계약이 이루어졌으나, 등기명의가 甲에게 남아 있는 경우, 최종매수인 丙은 甲으로부터 乙**명의의** 소유권이전등기를 대위하여 신청할 수 있다. ※ **대위신청 절차** ① 채권자가 대위등기를 신청하는 경우에는 신청정보에 **대위원인을 증명하는 정보**를 첨부하여야 한다. ② 채권자 대위에 의한 등기가 마쳐진 경우, 등기관은 **채권자** 및 **채무자**에게 등기완료통지를 하여야 한다. (※**등기필정보 ✘**) ❷ 甲이 미등기부동산을 乙에게 매도하였음에도 甲 앞으로의 소유권보존등기신청을 게을리 하는 때에는 乙이 甲명의로 소유권보존등기를 대위신청할 수 있다. ❸ 저당권설정자가 사망한 경우, 그의 상속인이 **상속을 포기할 수 있는 기간이라도** 당해 부동산의 저당권자(채권자)는 상속인 명의의 상속등기를 대위신청 할 수 있다.
구분건물 소유자	1동의 건물에 속하는 구분건물 중 일부 만에 관하여 소유권보존등기를 신청하는 경우에는 나머지 구분건물의 표시에 관한 등기를 동시에 **대위하여** 신청하여야 한다.
건물의 대지소유자	건물 멸실의 경우에 **건물 소유권의 등기명의인이** 1개월 **이내**에 그 등기를 신청하지 아니한 때에는 그 **건물대지의 소유자가 대위하여** 멸실등기를 신청할 수 있다.
위탁자 수익자	**위탁자** 또는 **수익자**는 수탁자를 **대위하여 신탁등기**를 신청할 수 있다.

05 매도인 甲과 매수인 乙이 매매계약을 체결한 후, 등기신청을 하지 않고 있던 중 甲이 사망하였다. 이 때 甲의 단독 상속인 丙과 乙의 소유권이전등기 신청절차에 관한 다음 설명 중 틀린 것은?

① 丙과 乙이 소유권이전등기를 공동신청하는 경우에는 등기의무자의 등기필정보를 등기소에 제공하여야 한다.

② 丙은 자신 명의의 상속등기를 마친 후 乙명의의 소유권이전등기를 공동신청하여야 한다.

③ 丙과 乙이 소유권이전등기를 공동신청하는 경우, 매매계약서를 등기소에 제공하여야 한다.

④ 丙은 가족관계증명서를 첨부정보로 등기소에 제공하여야 한다.

⑤ 乙은 丙을 상대로 이행을 명하는 판결에 의하여 소유권이전등기를 단독으로 신청할 수 있다.

06 甲소유의 부동산에 대하여 甲 ➔ 乙 ➔ 丙 순으로 매매계약이 이루어진 후, 채권자 丙이 채무자 乙을 대위하여 등기신청하는 경우에 관한 설명으로 옳은 것을 모두 고른 것은?

> ㄱ. 대위신청에 따른 등기를 마친 경우, 등기관은 乙에게 등기필정보를 통지하여야 한다.
>
> ㄴ. 대위신청에 따른 등기를 마친 경우, 등기관은 丙에게 등기완료통지를 하여야 한다.
>
> ㄷ. 대위등기신청에서 등기의무자는 甲이고, 등기권리자는 丙이다.
>
> ㄹ. 대위등기를 신청할 때 대위원인을 증명하는 정보를 첨부하여야 한다.

① 없음　　② 1개　　③ 2개　　④ 3개　　⑤ 4개

07 부동산등기법이 절차상 필요에 의하여 인정하고 있는 대위등기에 관한 다음 설명 중 옳은 것은?

① 甲이 그 소유 부동산을 乙에게 매도하고 사망한 경우, 甲의 단독 상속인 丙은 자신 앞으로 상속등기를 마친 후 乙명의로 소유권이전등기를 하여야 한다.

② 1동의 건물에 속하는 구분건물 중 일부만에 관하여 소유권보존등기를 신청하면서 나머지 구분건물의 표시에 관한 등기를 동시에 신청하는 경우, 구분건물의 소유자는 1동에 속하는 다른 구분건물의 소유자를 대위하여 그 건물의 소유권보존등기를 신청할 수 있다.

③ 건물이 멸실된 경우, 그 건물소유권의 등기명의인이 1개월 이내에 멸실등기 신청을 하지 않으면 그 건물대지의 소유자가 그 건물소유권의 등기명의인을 대위하여 멸실등기를 신청할 수 있다.

④ 상속인이 상속포기를 할 수 있는 기간 중에는 상속인의 채권자가 대위권을 행사하여 상속등기를 신청할 수 없다.

⑤ 신탁등기의 말소등기는 수익자나 위탁자가 수탁자를 대위하여 그 등기를 신청할 수 없다.

등기신청정보

일괄신청	❶ 같은 채권의 담보를 위하여 소유자가 다른 **여러 개의 부동산에 대한 저당권설정 등기**를 신청하는 경우에는 일괄신청할 수 있다. ❷ 신탁에 의한 **소유권이전등기**와 **신탁등기**를 신청하는 경우에는 1건의 신청정보로 일괄신청한다.

	등기필정보를 제공하는 경우	등기필정보를 제공하지 않는 경우
등기필정보의 제공	※ 공동신청하는 경우 • 소유권이전등기(매매·유증)	※ 단독신청하는 경우 • 소유권이전등기(상속·토지수용) • 소유권보존등기 • 등기명의인표시변경등기
	승소한 등기의무자가 판결에 의하여 단독신청하는 경우	승소한 등기권리자가 판결에 의하여 단독신청하는 경우

08 소유권이전등기의 신청정보에 관한 설명이다. 틀린 것은?

① 토지수용에 의한 소유권이전등기를 신청하는 경우에는 등기의무자의 등기필정보를 등기소에 제공하지 않아도 된다.

② 상속이나 유증을 원인으로 하는 소유권이전등기를 신청하는 경우에는 등기의무자의 등기필정보를 등기소에 제공할 필요가 없다.

③ 승소한 등기권리자가 단독으로 판결에 의한 소유권이전등기를 신청하는 경우, 등기의무자의 권리에 관한 등기필정보를 제공할 필요가 없다.

④ 등기관이 소유권의 일부에 관한 이전등기를 할 때에는 이전되는 지분을 기록하여야 하고, 그 등기원인에 분할금지약정이 있을 때에는 그 약정에 관한 사항도 기록하여야 한다.

⑤ 합유등기의 경우에는 신청정보에 합유자의 지분을 기록하여 등기소에 제공할 필요가 없다.

09 합유등기에 관한 설명이다. 틀린 것은?

① 합유등기를 하는 경우, 신청정보에 합유자의 지분비율을 기록하지 않는다.

② 민법상 조합의 소유인 부동산을 등기할 경우, 조합원 전원의 명의로 합유등기를 하여야 한다.

③ 합유자 중 1인이 다른 합유자 전원의 동의를 얻어 합유지분을 처분하는 경우, 합유명의인변경등기를 신청하여야 한다.

④ 2인의 합유자 중 1인이 사망한 경우, 잔존 합유자는 그의 단독 소유로 합유명의인변경등기를 신청할 수 있다.

⑤ 부동산의 합유지분에 대한 가압류등기는 할 수 있다.

첨부정보

등기의 종류		등기원인 증명정보	토지거래허가정보	농지취득자격증명
소유권 이전등기	매매·증여·교환	(검인)계약서	O	O
	상 속	가족관계증명서		
	유 증	유언증서	✕	✕
	토지수용	협의성립확인서		

첨부정보	등기소에 제공하는 경우
도면정보	용익물권 또는 임차권설정의 범위가 부동산의 일부인 경우에는 그 부분을 표시한 도면을 등기소에 제공하여야 한다.
주소증명정보	**매매를 원인으로 하는 소유권이전등기**를 신청하는 경우에는 **등기의무자**와 **등기권리자**의 주소증명정보를 모두 등기소에 **제공하여야 한다.**

10 등기신청시 등기소에 제공하여야 할 신청정보 및 첨부정보에 관한 설명이다. 옳은 것은?

①	매매에 의한 소유권이전등기	등기의무자의 등기필정보 매매계약서 매도인과 매수인의 주소증명정보
②	상속에 의한 소유권이전등기	등기의무자의 등기필정보 상속재산분할협의서 및 상속인 전원의 인감증명 가족관계증명서, 기본증명서
③	1필지 전부에 대한 전세권설정등기	전세권설정계약서 도면
④	소유권보존등기	대장정보 주소증명정보 토지거래허가정보 농지취득자격증명정보
⑤	소유권이전청구권가등기	토지거래허가정보 농지취득자격증명정보

전자신청

❶ 사용자등록을 한 모든 **자연인**(외국인 포함)과 **법인**은 전자신청을 **할 수** 있다.
다만, **법인 아닌 사단·재단은 전자신청을 할 수** 없다.

❷ 전자신청은 다른 사람을 **대리할 수** 없다.
다만, **자격자대리인**은 다른 사람을 **대리할 수** 있다.

❸ 사용자등록의 신청

㉠ 전자신청을 하려는 경우에는 등기소에 **직접 출석**하여 미리 사용자등록을 하여야 한다.
한편, **자격자대리인에게 위임한 자는 사용자등록을 할 필요가** 없다.

㉡ 사용자등록을 신청할 등기소는 **관할의 제한**이 없다.

❹ 첨부서면

신청인은 사용자등록신청서에 인감증명 및 주소증명서면을 첨부하여야 한다.

❺ 사용자등록의 유효기간

㉠ 사용자등록의 **유효기간은** 3년으로 한다.

㉡ 한편, 사용자등록의 유효기간 **만료일** 3개월 **전부터 만료일까지는** 그 유효기간의 **연장을
신청할 수** 있다. 다만, 연장 기간은 3년으로 하며, **연장의 횟수는 제한이** 없다.

---

11 **전산정보처리조직에 의한 등기절차에 관한 설명 중 옳은 것은?**

① 법인 아닌 사단이나 재단의 대표자나 관리인은 대리인에게 위임하지 않고 그 사단이나
재단 명의로 직접 전자신청을 할 수 있다.

② 사용자등록의 유효기간은 3년이며, 유효기간 만료일 6개월 전부터 만료일까지 그 유효
기간의 연장을 신청할 수 있다.

③ 자연인은 모두 전자신청을 할 수 있으므로, 외국인도 아무런 제한 없이 전자신청을 할
수 있다.

④ 전자표준양식에 의한 등기신청의 경우, 자격자대리인이 아닌 자는 타인을 대리하여 등
기를 신청할 수 없다.

⑤ 전자신청의 대리는 자격자대리인만이 할 수 있으므로, 자격자대리인이 아닌 경우에는
자기 사건이라 하더라도 상대방을 대리하여 전자신청을 할 수 없다.

등기필정보의 작성 · 통지

등기필정보를 작성·통지하는 경우	등기필정보를 작성·통지하지 않는 경우
❶ 권리의 보존, 설정, 이전등기 　㉠ 소유권보존등기 　㉡ 소유권이전등기 　㉢ 소유권 외의 권리의 **설정등기** 　㉣ 소유권 외의 권리의 **이전등기** 　㉤ **가등기**	❶ 등기명의인이 신청하지 아니한 등기 　㉠ 등기관의 직권에 의한 **소유권보존등기** 　㉡ 채권자 대위에 의한 **소유권이전등기** 　㉢ 승소한 등기의무자에 의한 **소유권이전등기**
❷ 권리자를 추가하는 변경등기	❷ 관공서의 촉탁등기 ❸ 말소등기

12 등기를 마친 경우 등기필정보를 작성하여 통지하여야 하는 등기는 모두 몇 개인가?

> ㄱ. 등기관의 직권에 의한 소유권보존등기
> ㄴ. 매도인과 매수인이 공동신청한 소유권이전등기
> ㄷ. 채권자대위에 의한 소유권이전등기
> ㄹ. 승소한 등기의무자가 신청한 소유권이전등기
> ㅁ. 매매계약 해제로 인한 소유권의 말소등기
> ㅂ. 관공서의 촉탁등기

① 1개　　② 2개　　③ 3개　　④ 4개　　⑤ 5개

13 등기필정보의 작성 및 통지에 관한 다음 설명 중 틀린 것은?

① 등기필정보의 통지를 원하지 않거나 3개월 이내에 인터넷등기소에서 전송받지 않거나 수령하지 않는 경우에는 등기필정보를 통지하지 않는다.

② 권리자를 추가하는 변경등기를 마친 경우에는 등기필정보를 작성하여 통지하여야 한다.

③ 등기관이 법원의 촉탁에 따라 가압류등기를 하기 위해 직권으로 소유권보존등기를 한 경우, 소유자에게 등기필정보를 통지하지 않는다.

④ 법정대리인이 등기를 신청하여 본인이 새로운 권리자가 된 경우, 등기필정보는 특별한 사정이 없는 한 본인에게 통지하여야 한다.

⑤ 관공서가 등기권리자를 위하여 소유권이전등기를 촉탁한 경우에는 등기필정보통지서를 관공서에 직접 송달할 수 있으며, 이 경우 관공서는 밀봉된 등기필정보통지서를 뜯지 않은 채 그대로 등기권리자에게 교부한다.

이의신청

요건	❶ 등기관의 처분 또는 결정이 위법·부당하여야 한다(법 제100조). ❷ 이의신청인은 등기상 직접 이해관계를 가진 자이어야 한다. 　㉠ **상속인이 아닌 자**는 상속등기가 위법하다 하여 **이의신청을 할 수** 없다. 　㉡ **저당권설정자**는 저당권의 양도인과 양수인 사이의 저당권이전등기에 대하여 **이의신청을 할 수** 없다.
절차	❶ 등기관의 결정에 이의가 있는 자는 **관할** 지방법원에 **이의신청**을 할 수 있다. 다만, **이의신청서는 등기소에 제출**하는 방법으로 하여야 한다. ❷ 등기관은 이의가 이유 없다고 인정되면 이의신청일부터 3일 **이내**에 의견을 붙여 이의신청서를 **관할 지방법원**에 보내야 한다. ❸ 등기관의 처분이 부당하다고 하여 이의신청을 하는 경우에는 그 결정 또는 처분시에 주장되거나 제출되지 아니한 **새로운 사실이나 새로운 증거방법으로써 이의사유를 삼을 수** 없다.
기간	이의신청기간에는 **제한이 없으므로** 이의의 이익이 있는 한 **언제라도 할 수** 있다.
효력	등기관의 결정 또는 처분에 대한 이의는 **집행정지의 효력**이 없다.

14 등기관의 처분에 대한 이의절차에 관한 설명으로 틀린 것은?

① 등기관의 처분에 대한 이의에는 집행정지의 효력이 없지만, 등기관의 처분 또는 결정이 있었던 날부터 60일 이내에 이의신청을 하여야 한다.

② 등기관의 결정 또는 처분이 부당하여 이의신청을 하는 경우에는 등기신청서의 제출시를 기준으로 그 때까지 주장하거나 제출되지 아니한 사실이나 증거방법으로써 이의사유를 삼을 수 없다.

③ 관할 지방법원은 이의신청에 대하여 결정하기 전에 등기관에게 이의가 있다는 뜻의 부기등기를 명령할 수 있다.

④ 이의신청에 대하여 등기관이 이의가 이유없다고 인정한 경우에는 이의신청일로부터 3일 이내에 의견을 붙여 이의신청서를 관할 지방법원에 보내야 한다.

⑤ 등기신청의 각하결정에 대하여는 등기신청인인 등기권리자 및 등기의무자에 한하여 이의신청을 할 수 있고, 이해관계 있는 제3자는 이의신청을 할 수 없다.

소유권보존등기

01 소유권보존등기의 개시유형

단독신청 (원시취득자)	부동산에 대하여 소유권을 **원시취득한 자**는 소유권보존등기를 신청할 수 있다.
단독신청 (승계취득자)	❶ 공용부분이라는 뜻을 정한 **규약을 폐지한 경우** 공용부분의 취득자는 지체 없이 소유권보존등기를 신청하여야 한다. ❷ 공용부분 취득자 명의로 소유권보존등기를 하였을 경우 **등기관**은 **공용부분이라는 뜻의 등기**를 직권으로 말소하여야 한다.
대위신청 (매수인)	甲이 자신의 미등기부동산을 乙에게 매도한 후, 소유권보존등기신청을 게을리하는 때에는 매수인 乙이 甲**명의의 소유권보존등기를 대위하여 신청**할 수 있다.
직권 (등기관)	❶ 등기관이 미등기부동산에 대하여 법원의 촉탁에 따라 소유권의 처분제한등기(가압류·가처분·경매) 또는 주택임차권등기를 할 때에는 **직권으로 소유권보존등기**를 하여야 한다. ❷ 직권에 의한 소유권보존등기를 마친 경우에는 등기완료통지를 하여야 하고 등기필정보는 통지하지 않는다.

15 미등기 부동산에 대하여 직권에 의한 소유권보존등기를 할 수 있는 경우에 해당하는 것은 모두 몇 개인가?

> • 압류등기의 촉탁
> • 가압류등기의 촉탁
> • 처분금지가처분등기의 촉탁
> • 경매개시결정등기의 촉탁
> • 가등기가처분등기의 촉탁
> • 임차권등기명령에 따른 주택임차권등기의 촉탁

① 1개
② 2개
③ 3개
④ 4개
⑤ 5개

02 소유권보존등기를 신청할 수 있는 자

❶ 대장에 최초의 소유자로 등록되어 있는 자 또는 그 상속인, 그 밖의 포괄승계인 (제65조 제1호)

최초의 소유자	❶ 대장에 최초의 소유자로 **등록된 자**	○
	❷ 대장에 최초의 소유자로 **등록된 자로부터** 이전등록을 받은 자	✕
	❸ 토지의 지적공부에 '국'으로부터 이전등록을 받은 자	○
상속인	상속인	○
포괄승계인	❶ 포괄적 유증을 받은 자	○
	❷ 특정적 유증을 받은 자	✕

❷ 판결에 의하여 자기의 소유권을 증명하는 자 (제65조 제2호)

판결의 종류	소유권을 증명하는 판결은 그 내용이 보존등기신청인에게 소유권이 있음을 증명하는 것이면 충분하고, **그 종류에 관하여는** 아무런 제한이 없다.
토지대장	**토지대장의 소유자를 특정할 수 없는 경우**에는 **지적공부의 작성권자**인 국가를 상대로 한 판결을 받아야 보존등기를 신청할 수 있다.
건축물대장	**건축물대장의 소유자를 특정할 수 없는 경우**에는 **건축물대장의 작성권자**인 시장·군수·구청장을 상대로 한 판결을 받아야 한다.

❸ 수용으로 인하여 소유권을 취득하였음을 증명하는 자 (제65조 제3호)

미등기 토지를 수용한 사업시행자는 협의성립확인서 **또는** 재결서등본을 첨부하여 보존등기를 신청할 수 있다.

❹ 건물의 경우 특별자치도지사, 시장, 군수 또는 구청장의 확인에 의하여 자기의 소유권을 증명하는 자 (제65조 제4호)

특별자치도지사, 시장, 군수 또는 구청장의 확인에 의하여 자기의 소유권을 증명하는 자는 건물의 소유권보존등기를 신청할 수 있다.	○
특별자치도지사, 시장, 군수 또는 구청장의 확인에 의하여 자기의 소유권을 증명하는 자는 토지의 소유권보존등기를 신청할 수 있다.	✕

※ 소유권보존등기 신청정보에는 신청근거규정을 **반드시 기록하여야** 하지만, 등기원인과 그 연월일은 기록하지 아니한다.

※ 소유권보존등기를 신청하는 경우에는 등기의무자의 **등기필정보를** 등기소에 **제공할 필요가 없다.**

※ 소유권보존등기를 신청하는 경우에는 신청인의 **주소증명정보를** 등기소에 **제공하여야 한다.**

16 다음 중 소유권보존등기를 신청할 수 없는 자는?

① 건축물대장이 생성된 건물에 대하여 특별자치도지사, 시장, 군수 또는 구청장(자치구의 구청장)을 상대로 소유권확인판결을 받은 자

② 토지대장의 최초 소유자를 특정할 수 없어 국가를 상대로 자기의 소유권을 증명하는 확정판결을 받은 자

③ 지적공부상 국가로부터 소유권을 이전받은 것으로 등록되어 있는 자

④ 대장에 최초의 소유자로 등록된 자로부터 특정유증을 받은 자

⑤ 대장에 최초의 소유자로 등록된 자로부터 포괄유증을 받은 자

17 소유권보존등기와 관련한 다음 설명 중 옳은 것은?

① 토지대장의 최초 소유자인 甲의 미등기 토지가 상속된 경우, 甲명의로 먼저 소유권보존등기를 한 후 상속인명의로 소유권이전등기를 하여야 한다.

② 판결에 의하여 자기의 소유권을 증명하여 소유권보존등기를 신청할 경우, 소유권을 증명할 수 있는 판결은 소유권 확인판결에 한한다.

③ 미등기 건물에 대한 소유권을 군수의 확인에 의해 증명한 자는 자기 명의로 소유권보존등기를 신청할 수 있다.

④ 지적공부에 최초의 소유자로 등록된 국가로부터 소유권이전등록을 받은 자는 국가 명의의 소유권보존등기를 마친 후 소유권이전등기를 하여야 한다.

⑤ 소유권보존등기를 신청할 때에는 등기의무자의 등기필정보를 등기소에 제공하여야 한다.

18 소유권보존등기에 관한 다음 설명 중 옳은 것은?

① 소유권보존등기를 신청할 때에는 신청인의 주소증명정보를 등기소에 제공할 필요가 없다.

② 소유권보존등기의 신청정보에는 등기원인과 그 연월일을 기록하여야 한다.

③ 규약에 따라 공용부분으로 등기된 후 그 규약이 폐지된 경우, 그 공용부분 취득자는 소유권이전등기를 신청하여야 한다.

④ 규약상 공용부분을 처분하면서 규약을 폐지한 경우 공용부분 취득자는 규약의 폐지를 증명하는 정보를 첨부하여 공용부분이라는 뜻의 등기의 말소등기를 신청하여야 한다.

⑤ 미등기부동산에 대하여 소유권보존등기를 신청할 수 있는데도 이를 하지 아니한 채 매매계약을 체결한 경우에는, 그 계약을 체결한 날로부터 60일 이내에 소유권보존등기를 신청하여야 한다.

소유권이전등기

01 소유권이전등기 【 상속 】

신청인	❶ 상속에 의한 소유권이전등기는 상속인이 단독으로 신청할 수 있다.
	❷ 상속을 포기할 수 있는 기간 중이라도 채권자는 상속등기를 대위하여 신청 할 수 있다.
	❸ 공동상속인 중 1인은 자기 지분만에 소유권이전등기를 신청할 수 없다.
	❹ 공동상속인 중 1인은 전원명의의 소유권이전등기를 신청할 수 있다.
등기원인	등기원인은 '**상속**'이며 등기원인일자는 '**상속개시일(피상속인의 사망일)**'이다.
첨부정보	토지거래허가정보와 농지취득자격증명정보는 **제공할 필요가 없다.**

02 소유권이전등기 【 유증 】

등기된 부동산	❶ 유증으로 인한 소유권이전등기는 **유언집행자 또는 상속인을 등기의무자로** 하고 **수증자를 등기권리자**로 하여 공동신청하여야 한다.
	❷ 유증으로 인한 소유권이전등기는 상속등기를 거치지 않고 **유증자**로부터 직접 **수증자** 명의로 등기를 신청하여야 한다.
	❸ 신청정보에 등기원인은 **유증**으로, 등기원인일자는 **유증자가 사망한 날**을 기록하여야 한다. 다만, **조건**이 붙은 경우에는 조건이 성취된 날을, **기한**이 붙은 경우에는 기한이 도래한 날을 기록하여야 한다.
미등기 부동산	❶ 미등기부동산에 대하여 **포괄유증을 받은 자**는 자신 앞으로 직접 소유권보존등기를 신청할 수 있다.
	❷ 미등기부동산에 대하여 **특정유증을 받은 자**는 **상속인** 또는 **유언집행자** 명의로 먼저 소유권보존등기를 한 후에 **특정 유증을 받은 자** 앞으로 소유권이전등기를 신청하여야 한다.
유류분	유증으로 인한 소유권이전등기 신청이 일부 상속인의 **유류분을 침해하는 내용**이라 하더라도 등기관은 이를 **수리하여야 한다 (각하할 수 없다).**

03 소유권이전등기 【 토지수용 】

신청인	사업시행자가 **단독신청**한다.
등기원인	등기원인은 토지수용으로, 등기원인일자는 수용개시일로 기록한다.
재결실효	**재결실효**에 의한 소유권이전등기의 **말소등기**는 공동신청하여야 한다.
직권말소 하지 않는등기	❶ 그 부동산을 위하여 존재하는 지역권의 등기
	❷ 토지수용위원회의 재결로써 존속이 인정된 권리의 등기
	❸ 수용일 이전에 마쳐진 **소유권이전등기**
	❹ 수용일 이후에 마쳐진 **상속등기**(단, **상속개시일이 수용개시일 이전일 것**)

04 소유권이전등기 【 신탁 】

단독신청	신탁재산에 속하는 부동산의 **신탁등기**는 수탁자가 단독으로 **신청**하고 단독으로 **말소**한다.
일괄신청	**신탁등기**는 해당 신탁으로 인한 권리의 이전·보존·설정등기와 함께 **1건의 신청정보**로 일괄신청하여야 한다.
대위신청	수익자나 위탁자는 수탁자를 대위하여 신탁등기를 신청할 수 있다. **다만, 이 경우에는** 권리의 이전·보존·설정등기와 신탁등기를 동시신청하지 아니하므로 1건의 신청정보로 일괄신청할 수 없다.
여러 명의 수탁자	**수탁자가 여러 명인 경우** 등기관은 신탁재산이 합유라는 뜻을 등기부에 기록하여야 한다.
하나의 순위번호	등기관이 **권리의 이전·보존·설정등기**와 함께 **신탁등기**를 할 때에는 하나의 순위번호를 사용하여야 한다.
전부처분	신탁재산의 **전부**가 처분되는 경우에는 **소유권이전등기**와 함께 **신탁등기의** 말소등기를 하여야 한다.
일부처분	신탁재산의 **일부**가 처분되는 경우에는 **소유권이전등기**와 함께 **신탁등기의** 변경등기를 하여야 한다.
고유재산이 되었다는 뜻	신탁재산이 **수탁자의 고유재산이 되었을 때**에는 그 뜻의 등기를 주등기로 한다.

05 소유권이전등기 【 환매특약부매매 】

신청방법	소유권이전등기와 환매특약등기는 **별개의 신청정보**로 동시에 신청하여야 한다. 소유권이전등기가 **마쳐진 후에 신청한** 환매특약등기는 이를 각하하여야 한다.
등기사항	매수인이 지급한 매매대금 **및** 매매비용을 반드시 기록하여야 한다.
부기등기	환매특약의 등기는 소유권이전등기에 부기등기로 하여야 한다.
환매특약의 말소방법	환매에 따른 **권리취득의 등기**를 하였을 경우 등기관은 **환매특약등기**를 직권으로 **말소**하여야 한다.

등기신청의무

소유권 보존등기	※ 다음에 정해진 날부터 60일 이내에 소유권보존등기를 신청할 것 ❶ 소유권보존등기를 신청할 수 있음에도 이를 하지 아니한 채 **계약을 체결한 경우**에는 계약을 체결한 날 ❷ 계약을 체결한 후에 **소유권보존등기를 신청할 수 있게 된 경우**에는 소유권보존등기를 신청할 수 있게 된 날
소유권 이전등기	※ 다음에 정해진 날부터 60일 이내에 소유권이전등기를 신청할 것 ❶ **매매계약**을 체결한 경우에는 잔금을 지급한 날 ❷ **증여계약**을 체결한 경우에는 증여의 효력이 발생한 날

19 토지수용을 등기원인으로 한 소유권이전등기에 관하여 설명한 것이다. 다음 중 그 내용이 옳은 것은?

① 수용에 의한 소유권이전등기를 할 경우, 수용개시일 이전에 마쳐진 소유권이전등기는 등기관이 직권으로 말소여야 한다.

② 수용에 의한 소유권이전등기를 할 경우, 그 부동산을 위하여 존재하는 지역권의 등기와 토지수용위원회의 재결로 그 존속이 인정된 권리는 등기관이 직권으로 말소할 수 없다.

③ 수용으로 인한 소유권이전등기신청서에는 등기원인을 토지수용으로, 그 연월일은 수용재결일로 기록하여야 한다.

④ 수용재결의 실효를 원인으로 하는 소유권이전등기의 말소등기는 사업시행자가 단독으로 신청하여야 한다.

⑤ 수용으로 인한 등기를 신청하는 경우에는 농지취득자격증명을 등기소에 제공하여야 한다.

20 신탁등기에 관한 설명으로 옳은 것은?

① 등기관이 수탁자의 고유재산으로 된 뜻의 등기와 함께 신탁등기의 말소등기를 할 경우, 별개의 순위번호를 사용하여야 한다.

② 수익자가 수탁자를 대위하여 신탁등기를 신청할 경우, 해당 부동산에 대한 권리의 설정등기와 동시에 신청하여야 한다.

③ 신탁등기는 해당 신탁으로 인한 권리의 이전 또는 보존이나 설정등기와 함께 1건의 신청정보로 일괄하여 신청하여야 한다.

④ 수탁자가 여러 명인 경우 등기관은 신탁재산이 공유인 뜻을 등기부에 기록하여야 한다.

⑤ 신탁종료로 신탁재산에 속한 권리가 이전된 경우, 위탁자와 수탁자는 공동으로 신탁등기의 말소등기를 신청할 수 있다.

21 유증으로 인한 소유권이전등기 신청절차에 관한 설명으로 옳은 것은?

① 유증에 기한이 붙은 경우에도 등기원인일자는 유증자의 사망일을 기록하여야 한다.

② 유증으로 인한 소유권이전등기는 상속등기를 거쳐 수증자 명의로 이전등기를 신청하여야 한다.

③ 상속등기가 이미 마쳐진 경우에는 그 상속등기를 말소하고 유증자로부터 수증자 명의로 유증을 원인으로 한 소유권이전등기를 신청하여야 한다.

④ 미등기 부동산이 특정유증된 경우, 유언집행자는 상속인 명의의 소유권보존등기를 거쳐 유증으로 인한 소유권이전등기를 신청하여야 한다.

⑤ 유증으로 인한 소유권이전등기청구권보전의 가등기는 유언자가 생존 중인 경우에는 신청할 수 있지만, 유언자가 사망한 경우에는 신청할 수 없다.

22 소유권이전등기신청에 관한 설명 중 틀린 것은?

① 협의분할에 의한 상속등기를 신청하는 경우에 상속을 증명하는 서면을 첨부하여야 하지만, 등기의무자의 등기필정보는 제공할 필요가 없다.

② 상속등기를 신청하면서 상속재산분할협의서가 공정증서인 경우에는, 상속인 전원의 인감증명을 등기소에 제공하지 않아도 된다.

③ 사인증여를 원인으로 하는 소유권이전등기신청은 등기의무자인 상속인 또는 유언집행자와 등기권리자인 수증자가 공동으로 신청하여야 하며, 유언집행자가 여러 명인 경우에는 그 과반수 이상으로 등기신청을 할 수 있다.

④ 진정명의회복을 원인으로 하는 소유권이전등기를 신청하는 경우 신청정보에는 판결의 확정일을 등기원인일자로 기록하여야 한다.

⑤ 진정명의회복을 원인으로 하는 소유권이전등기를 신청할 때에는 농지취득자격증명 또는 부동산거래신고 등에 관한 법률에 의한 토지거래계약허가증 등을 모두 제출할 필요가 없다.

등기신청의 필요적 정보사항

등기의 종류	필요적 정보사항		
소유권보존등기	신청근거규정 【 등기원인 및 그 연월일 ✖ 】		
환매특약등기	❶ 매매대금	❷ 매매비용	
지상권등기	❶ 목적	❷ 범위	
지역권등기	❶ 목적	❷ 범위	❸ 요역지의 표시
전세권등기	❶ 전세금	❷ 범위	
임차권등기	❶ 차임	❷ 범위	
저당권등기	❶ 채권액	❷ 채무자	
근저당권설정등기	❶ 채권최고액	❷ 채무자	❸ 근저당권이라는 뜻
공동저당의 대위등기	❶ 채권액 ❸ 매각 부동산	❷ 채무자 ❹ 매각대금	❺ 선순위 저당권자가 변제받은 금액

보충 학습 **전세권의 이전등기**

❶ 전세권의 이전등기는 **전세권양도인**(등기의무자)과 **전세권양수인**(등기권리자)이 **공동신청**하여야 하며, **부기등기**로 하여야 한다.

❷ 전세권의 존속기간이 만료된 경우, **전세금반환채권의 일부를 양도하는 전세권 일부이전등기**를 할 수 있다.

❸ 전세금반환채권의 일부양도를 원인으로 한 **전세권 일부이전등기**를 신청할 때에는 양도액을 **신청정보의 내용**으로 등기소에 제공하여야 한다.

❹ 전세권 일부이전등기의 신청은 **전세권의 존속기간** 만료 전에는 할 수 없다.

보충 학습 **저당권에 관한 등기**

❶ 채권자가 여러 명인 경우에도 채권 최고액은 단일하게 **기록하여야 하며**, 채권자별로 **구분하여 기록할 수는 없다.**

❷ **등기관**은 동일한 채권에 관하여 5개 이상의 부동산에 관한 권리를 목적으로 하는 저당권등기(전세권등기)를 할 때에는 **공동담보목록(공동전세목록)**을 작성하여야 한다.

❸ 저당권이전등기를 신청하는 경우 **저당권이 채권과 같이 이전한다는 뜻**을 신청정보의 내용으로 등기소에 제공하여야 한다.

❹ 일정한 금액을 목적으로 하지 않는 채권을 담보하기 위한 저당권설정등기를 신청하는 경우에는 그 채권의 평가액을 신청정보의 내용으로 등기소에 제공하여야 한다.

23 甲과 乙은 甲소유 A건물 전부에 대해 전세금 5억 원, 기간 2년으로 하는 전세권설정계약을 체결하고 공동으로 전세권설정등기를 신청하였다. 이에 관한 설명으로 틀린 것은?

① 등기관은 전세금과 설정범위를 기록하여야 한다.

② 등기관은 존속기간을 기록하여야 한다.

③ 전세권설정등기가 된 후에 건물전세권의 존속기간이 만료되어 법정갱신이 된 경우, 그 전세권에 대한 저당권설정등기를 하기 위해서는 존속기간 연장을 위한 변경등기를 하여야 한다.

④ A건물의 전세권의 존속기간이 만료된 후, 乙과 丙은 전세금반환채권의 일부 양도를 원인으로 한 전세권 일부이전등기를 신청할 수 있다.

⑤ 전세권설정등기가 된 후에 乙과 丙이 A건물의 전부에 대한 전전세계약에 따라 전전세등기를 신청하는 경우, 그 부분을 표시한 건물도면을 첨부정보로 등기소에 제공하여야 한다.

24 용익권에 관한 등기에 대한 설명으로 틀린 것은?

① 지역권설정등기는 승역지를 관할하는 등기소에 신청하여야 하고, 요역지에 관한 등기는 등기관이 직권으로 하여야 한다.

② 등기원인에 위약금약정이 있는 경우, 등기관은 전세권설정등기를 할 때 이를 기록하여야 한다.

③ 임대차의 차임지급시기에 관한 약정이 있는 경우, 임차권 등기에 이를 기록하지 않으면 그 등기는 무효이다.

④ 공유부동산에 전세권을 설정할 경우, 그 등기기록에 기록된 공유자 전원을 등기의무자로 하여야 한다.

⑤ 전세금반환채권의 일부 양도를 원인으로 하는 전세권 일부이전등기의 신청은 전세권소멸의 증명이 없는 한, 전세권 존속기간 만료 전에는 할 수 없다.

25 저당권의 등기절차에 관한 설명으로 옳은 것은?

① 채권자가 여러 명인 경우, 채권 최고액은 채권자별로 구분하여 기록하여야 한다.

② 저당권의 이전등기를 신청하는 경우, 저당권이 채권과 같이 이전한다는 뜻을 신청정보의 내용으로 등기소에 제공하여야 한다.

③ 공동저당 부동산 중 일부의 매각대금을 먼저 배당하여 경매부동산의 후순위 저당권자가 대위등기를 할 경우, 매각대금은 기록하여야 하지만, 선순위 저당권자가 변제받은 금액은 기록할 필요가 없다.

④ 일정한 금액을 목적으로 하지 않는 채권을 담보하기 위한 저당권설정등기의 경우, 그 채권의 평가액은 기록할 필요가 없다.

⑤ 2개 이상의 부동산이 공동담보의 목적물로 제공되는 경우, 등기관은 공동담보목록을 작성하여야 한다.

변경등기

부동산 변경등기 **증축, 일부멸실, 분필, 합필**	❶ 부동산변경등기는 등기권리자가 단독으로 **신청**한다. ❷ 부동산변경등기는 그 변경을 증명하는 건축물(토지)대장을 첨부하여야 한다. ❸ 부동산변경등기는 소유권의 등기명의인이 1개월 이내에 신청하여야 한다. ❹ 부동산변경등기는 주등기로 하여야 한다.
등기명의인 표시변경등기	❶ 등기명의인표시변경등기는 등기권리자가 단독신청한다. ❷ **소유권이전등기**를 할 때에 신청정보상의 등기의무자의 주소가 등기기록과 일치하지 않는 경우라도 등기관은 직권으로 **등기명의인표시의 변경등기**를 하여야 한다. ❸ 등기명의인표시변경등기는 부기등기로 하여야 한다.

26 변경등기에 관한 다음 설명 중 옳은 것은?

① 법인 아닌 사단이 법인으로 된 경우에는 등기명의인의 표시를 법인으로 변경하는 등기를 신청할 수 있다.

② 甲과 乙이 매매를 원인으로 하는 소유권이전등기를 공동신청하는 경우 첨부정보에 의하여 등기의무자의 주소변경사실이 명백한 때에는 등기명의인의 표시변경등기도 동시에 신청하여야 한다.

③ 토지의 분할, 합병으로 인한 부동산변경등기는 그 토지 소유권의 등기명의인이 그 사유가 발생한 날부터 60일 이내에 그 등기를 신청하여야 한다.

④ 건물의 구조가 변경된 경우에는 변경등기를 신청하기 전에 먼저 건축물대장의 기록사항을 변경하여야 한다.

⑤ 건물의 면적이 변경된 경우에는 부기등기로 변경등기를 하여야 한다.

경정등기

❶ **등기관**이 등기를 마친 후 그 등기에 **착오나 빠진 부분**이 있음을 발견하였을 때에는 **지체 없이** 그 사실을 등기권리자와 등기의무자에게 알려야 한다.

다만, 등기권리자, 등기의무자가 각 2인 이상인 경우에는 그 중 1인에게 통지하면 된다.

❷ 등기의 착오나 빠진 부분이 등기관의 잘못으로 인한 것임을 발견한 경우, 등기관은 **지체 없이** 그 등기를 직권**으로 경정하여야 한다.**

※ **권리의** 종류·주체·객체를 잘못 적은 경우에는 경정등기를 **할 수 없고, 말소등기를 하여야 한다.**

보충 학습 **변경등기 · 경정등기 · 말소등기의 구분**

❶ **경정등기** ➡ 등기가 마쳐지기 **전**에 발생한 원시적 일부 불일치를 시정하는 등기.

❷ **변경등기** ➡ 등기가 마쳐진 **후**에 발생한 후발적 일부 불일치를 시정하는 등기.

❸ **말소등기** ➡ 등기사항 전부 불일치가 발생한 경우, 그 등기 전부를 소멸시키는 등기

---

27 경정등기에 관한 설명으로 틀린 것은?

① 경정등기는 등기완료 후 등기사항의 일부에 관하여 불일치(착오 또는 빠진 사항)가 발생한 경우 이를 시정하기 위하여 하는 등기이다.

② 등기관이 직권으로 경정등기를 한 경우에는 지체 없이 등기권리자와 등기의무자에게 통지하여야 한다.

③ 등기관이 직권으로 경정등기를 한 경우 등기권리자, 등기의무자가 각 2인 이상인 때에는 그 전원에게 통지하여야 한다.

④ 권리자가 甲인데도 불구하고 당사자의 신청착오로 乙명의로 등기된 경우, 그 불일치는 경정할 수 있다.

⑤ 전세권설정등기를 하기로 합의하였으나 당사자의 신청착오로 임차권으로 등기된 경우, 경정등기로 그 불일치를 시정할 수 있다.

등기상 이해관계 있는 제3자 총정리

권리의 변경등기	❶ **변경등기**에 관한 **이해관계 있는 제3자**의 승낙정보를 첨부한 때에는 부기등기로 하고, 첨부하지 아니한 때에는 주등기로 해야 한다.	o
	❷ **변경등기**에 관한 **이해관계 있는 제3자**가 있는 경우에는 그 제3자의 승낙정보를 등기소에 제공하여야 한다.	×
경정·말소 말소회복등기	**경정등기, 말소등기, 말소회복등기**에 관한 **이해관계 있는 제3자**가 있는 경우에는 그 **제3자의 승낙정보**를 등기소에 제공하여야 한다.	o

28 등기에 관한 이해관계 있는 제3자의 첨부정보에 관한 설명으로 틀린 것은?

① 甲 소유 부동산에 대하여 乙 명의의 전세권등기를 말소하라는 판결을 받았다고 하더라도 그 판결에 의하여 전세권말소등기를 신청할 때에는 丙의 승낙서 또는 丙에게 대항할 수 있는 재판의 등본을 첨부해야 한다.

② 말소등기를 신청하는 경우, 그 말소에 대하여 등기상 이해관계 있는 제3자가 있으면 그 제3자의 승낙이 필요하다.

③ 말소된 등기의 회복을 신청하는 경우, 등기상 이해관계 있는 제3자가 있을 때에는 그 제3자의 승낙정보를 등기소에 제공하여야 한다.

④ 권리의 변경등기를 할 때 등기상 이해관계 있는 제3자가 있으면, 그 제3자의 승낙을 얻어야 한다.

⑤ 저당권의 목적이 된 소유권의 말소등기를 신청하는 경우에는 이해관계 있는 제3자인 저당권자의 승낙을 얻어야 한다.

말소등기

01 말소등기는 등기사항의 **전부**가 **부적법**할 것을 요건으로 한다.

02 **말소등기의 말소등기기**는 허용되지 아니한다.

03 **농지를 목적으로 하는 전세권설정등기**가 실행된 경우, 등기관은 이를 **직권으로 말소할 수 있다.**

구분	등기의무자	등기권리자
※ 저당권을 말소하는 경우	저당권자	저당권설정자
※ 저당권을 이전하는 경우	저당권양도인	저당권양수인
※ 저당권이 이전된 후, **저당권을 말소하는 경우**	저당권양수인	저당권설정자
※ 저당권이 설정되고 소유권이 **제3취득자**에게 이전된 후, **원인무효**로 인하여 **저당권을 말소하는 경우**	저당권자	제3취득자
※ 저당권이 설정되고 소유권이 **제3취득자**에게 이전된 후, **피담보채권의 변제**로 인하여 **저당권을 말소하는 경우**	저당권자	저당권설정자 또는 제3취득자

04 甲소유 부동산에 설정한 乙명의의 저당권설정등기를 말소하는 경우, **등기의무자**는 乙이고, **등기권리자**는 甲이다.

05 甲소유 부동산에 설정된 乙명의의 저당권을 丙에게 이전하는 등기를 신청하는 경우, **등기의무자**는 乙이고, **등기권리자**는 丙이다.

06 甲소유 토지에 설정된 乙명의의 저당권을 丙에게 이전한 후, 저당권말소등기를 신청하는 경우, **등기의무자**는 丙이고, **등기권리자**는 甲이다.

07 甲소유의 부동산에 대하여 乙명의의 근저당권설정등기, 丙명의의 소유권이전등기가 순차적으로 경료된 후에 甲과 乙 사이의 근저당권설정등기를 원인무효를 이유로 말소하고자 하는 경우에 **등기의무자**는 乙이고, **등기권리자**는 丙이다.

08 甲소유의 부동산에 대하여 乙명의의 근저당권설정등기, 丙명의의 소유권이전등기가 순차적으로 경료된 후에 甲과 乙 사이의 근저당권설정등기를 피담보채권의 변제를 이유로 말소하고자 하는 경우에 **등기의무자**는 乙이고, **등기권리자**는 甲 또는 丙이다.

※ 사례연습

09 부동산이 甲 ➡ 乙 ➡ 丙으로 매도되었으나 등기명의가 甲에게 남아 있어 丙이 乙을 대위하여 소유권이전등기를 신청하는 경우, **등기의무자**는 甲이고, **등기권리자**는 乙이다.

10 甲 ➡ 乙 ➡ 丙 순으로 소유권이전등기가 이루어졌으나 乙 명의의 등기가 원인무효임을 이유로 甲이 丙을 상대로 丙 명의의 등기 말소를 명하는 확정판결을 얻은 경우, 그 판결에 따른 등기에 있어서 **등기의무자**는 丙이고, **등기권리자**는 乙이다.

11 채무자 甲에서 乙로 소유권이전등기가 이루어졌으나 甲의 채권자 丙이 등기원인이 사해행위임을 이유로 그 소유권이전등기의 말소판결을 받은 경우, 그 판결에 따른 등기에 있어서 **등기의무자**는 乙이고, **등기권리자**는 甲이다.

말소등기

01 **말소등기**는 등기사항의 ( )가 **부적법**할 것을 요건으로 한다.

02 **말소등기**의 **말소등기기**는 허용되지 아니한다.

03 **농지를 목적으로 하는 전세권설정등기**가 실행된 경우, 등기관은 이를 **직권으로 말소할 수 있다.**

04 甲소유 부동산에 설정된 乙명의의 저당권설정등기를 말소하는 경우,
등기의무자는 ( )이고, **등기권리자**는 ( )이다.

05 甲소유 부동산에 설정된 乙명의의 저당권을 丙에게 이전하는 등기를 신청하는 경우,
등기의무자는 ( )이고, **등기권리자**는 ( )이다.

06 甲소유 토지에 설정된 乙명의의 저당권을 丙에게 이전한 후, 저당권말소등기를 신청하는
경우, **등기의무자**는 ( )이고, **등기권리자**는 ( )이다.

07 甲소유의 부동산에 대하여 乙명의의 근저당권설정등기, 丙명의의 소유권이전등기가 순차적으로
경료된 후에 甲과 乙 사이의 근저당권설정등기를 원인무효를 이유로 말소하고자 하는 경우에
등기의무자는 ( )이고, **등기권리자**는 ( )이다.

08 甲소유의 부동산에 대하여 乙명의의 근저당권설정등기, 丙명의의 소유권이전등기가 순차적으로
경료된 후에 甲과 乙 사이의 근저당권설정등기를 피담보채권의 변제를 이유로 말소하고자 하는
경우에 **등기의무자**는 ( )이고, **등기권리자**는 ( ) 또는 ( )이다.

※ **사례연습**

09 부동산이 甲 ➡ 乙 ➡ 丙순으로 매도되었으나 등기명의가 甲에게 남아 있어 丙이 乙을
대위하여 소유권이전등기를 신청하는 경우, **등기의무자**는 ( )이고, **등기권리자**는 ( )이다.

10 甲 ➡ 乙 ➡ 丙 순으로 소유권이전등기가 이루어졌으나 乙 명의의 등기가 원인무효임을 이유로
甲이 丙을 상대로 丙 명의의 등기 말소를 명하는 확정판결을 얻은 경우, 그 판결에 따른 등기에
있어서 **등기의무자**는 ( )이고, **등기권리자**는 ( )이다.

11 채무자 甲에서 乙로 소유권이전등기가 이루어졌으나 甲의 채권자 丙이 등기원인이 사해행위임을
이유로 그 소유권이전등기의 말소판결을 받은 경우, 그 판결에 따른 등기에 있어서 **등기의무자**는
( )이고, **등기권리자**는 ( )이다.

부기등기

❶ 등기관이 부기등기를 할 때에는 그 부기등기가 어느 등기에 기초한 것인지 알 수 있도록 주등기 또는 부기등기의 순위번호에 가지번호를 붙여서 하여야 한다.

❷ 하나의 주등기에 여러 개의 부기등기를 할 수 있다. 또한 부기등기의 부기등기도 가능하다.

❸ 부기등기의 순위는 주등기의 순위에 의하고, 부기등기 상호간의 순위는 그 등기의 순서에 의한다.

구분	부기등기에 의하는 경우	주등기에 의하는 경우
변경등기	❶ 등기명의인표시변경등기 ❷ 권리의 변경등기 (이해관계인의 **승낙을 얻은 경우**)	❶ 부동산(표시)변경등기 ❷ 권리의 변경등기 (이해관계인의 **승낙을 얻지 못한 경우**)
보존 설정 이전	❷ 소유권외의 권리 이전등기 ❸ 지상권 · 전세권을 목적으로 하는 저당권설정등기	❶ 소유권 보존등기 ❷ 소유권 이전등기 ❸ 소유권외의 권리 설정등기
회복	일부말소회복등기	전부말소회복등기
처분제한	소유권외의 권리의 처분제한등기 (가압류 · 가처분 · 경매등기)	소유권의 처분제한등기 (가압류 · 가처분 · 경매등기)
가등기	소유권외의 권리이전청구권가등기	소유권이전청구권가등기
	가등기상의 권리의 이전등기	
특약등기	특약 · 약정에 관한 등기 (환매특약, 공유물불분할특약,..)	
부기의 부기	❶ 환매권 이전등기 ❷ 전세권을 목적으로 하는 저당권의 이전등기	

보충 학습 관련 판례

乙이 甲 소유의 부동산에 대하여 매매를 원인으로 한 소유권이전청구권의 보전을 위하여 가등기를 한 후에 丙이 乙의 가등기상의 권리를 양수한 경우, **가등기상의 권리의 이전등기**를 가등기에 기한 **부기등기의 형식**으로 경료할 수 있다(대판 98다24105 전원합의체).

29 주등기 방식에 의하는 것은 모두 몇 개인가?

> ㄱ. 공유물불분할특약, 환매특약, 권리소멸에 관한 약정의 등기
>
> ㄴ. 주소이전으로 인한 등기명의인표시변경등기
>
> ㄷ. 지상권(전세권)을 목적으로 하는 저당권설정등기
>
> ㄹ. 가등기상의 권리의 이전등기
>
> ㅁ. 존속기간의 만료에 따른 전세권말소등기
>
> ㅂ. 근저당권이전등기
>
> ㅅ. 부동산표시변경등기(건물의 증축, 일부멸실, 분필, 합필등기)
>
> ㅇ. 이해관계 있는 제3자의 승낙이 없는 권리의 변경등기
>
> ㅈ. 전세권의 전부말소회복등기
>
> ㅊ. 임차권을 목적으로 하는 처분금지가처분등기

① 1개　　　　② 2개　　　　③ 3개　　　　④ 4개　　　　⑤ 5개

30 등기상 이해관계 있는 제3자가 있는 경우에 그 제3자의 승낙이 없으면 주등기로 하여야 하는 것은?

① 환매특약등기

② 지상권의 이전등기

③ 등기명의인표시의 변경등기

④ 지상권을 목적으로 한 근저당권의 이전등기

⑤ 채권최고액을 증액하는 근저당권변경등기

가등기

01 신청방법과 말소방법

신청방법	가등기의무자와 가등기권리자가 **공동신청**하는 것이 원칙이다. ※ **단독신청 방법** ❶ **가등기권리자**는 **가등기의무자의** 승낙서를 첨부하여 가등기를 **단독신청** 할 수 있다. ❷ **가등기권리자**는 **부동산의 소재지**를 관할하는 **법원의** 가처분명령을 받아 가등기를 **단독신청**할 수 있다.
말소방법	가등기의무자와 가등기권리자가 **공동신청**하는 것이 원칙이다. ※ **단독신청 방법** ❶ 소유권에 관한 **가등기명의인**은 자신의 인감증명을 첨부하여 가등기의 말소등기를 **단독신청**할 수 있다. ❷ **가등기의무자** 또는 **이해관계 있는 제3자**는 **가등기명의인의** 승낙서를 첨부하여 가등기의 말소등기를 **단독신청**할 수 있다.

보충 학습) 토지거래허가정보와 농지취득자격증명

❶ 「부동산 거래신고 등에 관한 법률」에 의한 토지거래계약을 원인으로 하여 가등기를 신청할 때에는 **토지거래계약허가증**을 첨부하여야 한다.

❷ 농지에 대하여 소유권이전청구권보전의 가등기를 신청하는 경우에는 **농지취득자격증명**을 첨부할 필요가 없다.

02 가등기가 가능한 경우와 불가능한 경우

가등기가 가능한 경우	가등기가 불가능한 경우
❶ 채권적 청구권 보전을 위한 가등기	❶ 물권적 청구권 보전을 위한 가등기
❷ 시기부·정지조건부 청구권의 가등기	❷ 종기부·해제조건부 청구권의 가등기
❸ 소유권이전등기의 가등기	❸ 소유권보존등기의 가등기

보충 예습) 가등기와 관련한 주요 판례 및 예규 정리

❶ 소유권이전청구권보전가등기 이후에 제3취득자가 있는 경우에도 본등기는 **제3취득자가 아닌 가등기의무자**에게 하여야 한다.

❷ 여러 사람의 가등기권리자 중 **1인이 자기 지분 만에 관한 본등기**는 신청할 수 있지만, 그 1인이 **전원 명의의 본등기**는 신청할 수 없다.

❸ **가등기의무자가 사망한 경우** 그 상속인은 상속등기를 신청할 필요 없이 가등기권리자와 공동으로 본등기를 신청할 수 있다.

❹ **가등기권리자가 사망한 경우** 그 상속인은 가등기상의 권리의 상속등기를 신청할 필요 없이 자신 명의로 곧바로 본등기를 신청할 수 있다.

03 본등기를 하는 경우 직권말소 여부

구 분	직권말소하는 중간등기	직권말소하지 않는 중간등기
소유권이전가등기 에 의한 본등기	❶ 소유권이전등기 ❸ 처분제한등기 ❸ 저당권설정등기 ❹ 용익물권설정등기 ❺ 임차권설정등기	❶ 가등기권자에게 대항할 수 있는 주택임차권등기 ❷ 가등기상의 권리를 목적으로 하는 가압류 또는 가처분등기
용익물권설정 가등기에 의한 본등기	❶ 용익물권설정등기 ❷ 임차권설정등기	저당권설정등기

┃확인학습┃

❶ 가등기권자에게 대항할 수 있는 주택임차권등기는 소유권이전의 본등기를 하는 경우 직권으로 말소하여야 한다.	✘
❷ 가등기상의 권리는 이전할 수 없다.	✘
❸ 가등기상의 권리를 이전하는 경우에는 주등기로 하여야 한다.	✘
❹ 가등기상의 권리를 목적으로 하는 가압류(가처분)등기는 할 수 없다.	✘
❺ 가등기상의 권리를 목적으로 하는 가압류(가처분)등기는 소유권이전의 본등기를 하는 경우 직권말소하여야 한다.	✘

┃확인학습┃

❶ 임차권설정등기청구권보전가등기에 의하여 임차권 설정의 본등기를 한 경우 가등기 후 본등기 전에 마쳐진 저당권설정등기는 직권으로 말소할 수 없다.	○
❷ 지상권설정등기청구권보전가등기에 의하여 지상권 설정의 본등기를 한 경우, 가등기 후 본등기 전에 마쳐진 저당권설정등기는 등기관이 직권으로 말소한다.	✘
❸ 임차권설정등기청구권보전가등기에 의하여 임차권 설정의 본등기를 한 경우, 등기관은 가등기 후 본등기 전에 가등기와 동일한 부분에 마친 부동산용익권등기를 직권으로 말소한다.	○
❹ 저당권설정등기청구권보전가등기에 의하여 저당권 설정의 본등기를 한 경우, 등기관은 가등기 후 본등기 전에 마친 제3자 명의의 부동산용익권등기를 직권으로 말소할 수 없다.	○
❺ 저당권설정등기청구권보전가등기에 의하여 저당권 설정의 본등기를 한 경우, 등기관은 가등기 후 본등기 전에 마친 제3자 명의의 저당권설정등기를 직권으로 말소한다.	✘

31 가등기에 대한 다음 설명 중 틀린 것은?

① 가등기권리자는 가등기의무자의 승낙정보를 첨부하여 단독으로 신청할 수 있다.

② 가등기명의인 甲이 가등기상의 권리를 乙에게 양도하는 경우에는 부기등기로 하여야 한다.

③ 임차권설정등기청구권보전의 가등기에 의한 본등기를 마친 경우, 등기관은 가등기 후 본등기 전에 가등기와 동일한 부분에 마쳐진 용익권등기는 등기관이 직권으로 말소할 수 없다.

④ 소유권이전등기청구권보전의 가등기에 의하여 소유권이전의 본등기를 한 경우, 가등기 후 본등기 전에 마쳐진 해당 가등기상 권리를 목적으로 하는 가압류등기는 등기관이 직권으로 말소할 수 없다.

⑤ 저당권설정등기청구권보전의 가등기에 의한 본등기를 한 경우, 등기관은 가등기 후 본등기 전에 마친 제3자 명의의 용익권등기를 직권말소할 수 없다.

32 가등기에 관한 설명으로 옳은 것은?

① 가등기를 명하는 법원의 가처분명령이 있을 때에는 법원의 촉탁으로 가등기를 하여야 된다.

② 소유권이전등기청구권보전의 가등기에 의하여 소유권이전의 본등기를 한 경우, 가등기 후 본등기 전에 마쳐진 해당 가등기상 권리를 목적으로 하는 처분금지가처분등기는 등기관이 직권으로 말소한다.

③ 가등기에 의하여 보전하려는 청구권이 장래에 확정될 것인 경우에는 가등기를 할 수 없다.

④ 가등기에 관한 이해관계 있는 제3자는 가등기명의인의 승낙을 받아 가등기의 말소를 단독으로 신청할 수 있다.

⑤ 지상권설정등기청구권보전의 가등기에 의하여 지상권설정의 본등기를 한 경우, 가등기 후 본등기 전에 마쳐진 저당권설정등기는 등기관이 직권으로 말소한다.

33 가등기에 의한 본등기에 관한 다음 설명 중 틀린 것은?

① 가등기를 마친 후 가등기권자가 사망한 경우, 가등기권자의 상속인은 상속등기를 생략하고 상속인 명의의 본등기를 가등기의무자와 공동으로 신청할 수 있다.

② 저당권설정등기청구권보전가등기에 의하여 저당권설정의 본등기를 한 경우, 등기관은 가등기 후 본등기 전에 마친 제3자 명의의 용익권등기를 직권말소할 수 없다.

③ 하나의 가등기에 관하여 여러 사람의 가등기권자가 있는 경우에는, 그 중 일부의 가등기권자가 자기의 가등기 지분에 관하여 본등기를 신청할 수 있다.

④ 甲이 乙소유 토지에 대한 소유권이전청구권을 보전하기 위하여 가등기를 한 후 乙이 그 토지를 丙에게 양도한 경우, 甲의 본등기 청구의 상대방은 丙이다.

⑤ 소유권이전청구권가등기의 명의인이 소재불명이 된 경우 현 소유자는 부동산등기법 제56조에 따라 공시최고신청을 하여 제권판결을 받아 단독으로 그 가등기의 말소등기를 신청할 수 있다.

등기관의 직권등기

소유권 보존등기	미등기부동산에 대하여 법원이 소유권에 관한 **처분제한등기(가압류·가처분·경매)** 또는 주택임차권등기를 촉탁하는 경우 소유권보존등기
변경등기	❶ 소유권이전등기시 등기의무자의 주소를 변경하는 등기명의인표시변경등기
	❷ 행정구역 또는 그 명칭이 변경된 경우에 하는 부동산(표시)변경등기
경정등기	등기관의 잘못으로 등기사항의 착오 또는 빠진 사항이 생긴 경우에 하는 경정등기
말소등기	❶ 환매권을 행사하는 경우 **환매특약등기의** 말소등기
	❷ 말소등기에 관한 이해관계 있는 제3자의 승낙이 있는 경우, **그 제3자 명의 등기의** 말소등기
	❸ 토지수용으로 인한 소유권이전등기 신청이 있는 경우, **소유권 및 소유권 외의 권리에 관한 등기의** 말소등기 ※ 다만, 다음의 권리는 직권말소하지 아니한다. ㉠ **그 부동산을 위하여 존재하는 지역권 (✖)** ㉡ 토지수용위원회의 **재결로써 존속이 인정된 권리 (✖)** ㉢ **수용개시일 이전에** 마쳐진 **소유권이전등기 (✖)** ㉣ 수용개시일 이전의 상속을 원인으로 **수용개시일 이후에** 마쳐진 **상속등기 (✖)**
	❹ **관할위반등기의** 말소등기 **사건이 등기할 것이 아닌 경우**에 해당하는 등기의 말소등기
	❺ 가등기에 의한 본등기를 하였을 경우, **가등기에 의하여 보전되는 권리를 침해하는 등기의** 말소등기
	❻ 공용부분의 취득자가 규약폐지를 증명하는 정보를 첨부하여 **소유권보존등기**를 신청 하는 경우 **공용부분이라는 뜻의** 말소등기
	❼ 승소한 가처분채권자가 **소유권이전등기** 및 **가처분채권자의 권리를 침해하는 등기의** **말소등기를 단독신청**하는 경우 그 **가처분등기의** 말소등기
대지권 관련 등기	❶ 토지등기기록 **갑구**에 하는 소유권이 대지권이라는 **뜻의 등기** ❷ 토지등기기록 **을구**에 하는 지상권, 전세권 등이 대지권이라는 **뜻의 등기** ❸ **전유부분 표제부**에 하는 토지등기기록에 별도 등기가 있다는 **뜻의 등기**
지역권등기	요역지에 대한 지역권등기 ※ **승역지에 대한 지역권등기 - 공동신청)**

법 제29조 제2호(사건이 등기할 것이 아닌 경우)

01 등기능력 없는 물건 또는 권리에 대한 등기를 신청한 경우

등기할 수 있는 권리	등기할 수 없는 권리
❶ 소유권	❶ 점유권
❷ 용익권 · 저당권 · 권리질권	❷ 유치권 · 분묘기지권 · 동산질권
❸ 환매권 · 채권담보권	❸ 주위토지통행권
❹ 「하천법」상 하천에 대한 소유권 · 저당권	❹ 「하천법」상 하천에 대한 용익권
❺ 농지에 대한 지상권	❺ 농지에 대한 전세권

등기할 수 있는 권리변동	등기할 수 없는 권리변동
❶	❶
공유 지분 甲 2/3 乙 1/3 ➡ 소·보존 (×) 소·이전 (○) 저·설정 (○) 전·설정 (×)	부동산 일부 ➡ 소·보존 (×) 소·이전 (×) 저·설정 (×) 전·설정 (○)
❷ 가등기상의 권리를 목적으로 하는 가압류 · 가처분등기	❷ 가등기에 의한 본등기 금지가처분등기
❸ 가처분등기가 마쳐진 이후에 신청한 소유권이전등기	❸ 소유권이전등기가 마쳐진 이후에 신청한 환매특약등기
❹ 공동상속인 중 1인이 신청하는 전원명의의 상속등기	❹ 공동상속인 중 1인이 신청하는 자기 지분만의 상속등기

02 법령에 근거가 없는 특약사항의 등기를 신청한 경우

03 구분건물의 전유부분과 대지사용권의 분리처분 금지에 위반한 등기를 신청한 경우

04 저당권을 피담보채권과 분리하여 양도하거나, 피담보채권과 분리하여 다른 채권의 담보로 하는 등기를 신청한 경우

05 관공서 또는 법원의 촉탁으로 실행되어야 할 등기를 신청한 경우

06 이미 보존등기된 부동산에 대하여 다시 보존등기를 신청한 경우

34 다음 중 등기가 가능한 것은 모두 몇 개인가?

> ㄱ. 甲소유 부동산에 대하여 채권자 乙이 신청한 가압류 또는 처분금지가처분등기
>
> ㄴ. 공유지분에 관한 전세권설정등기
>
> ㄷ. 건물의 일부에 대한 저당권설정등기
>
> ㄹ. 1필지 일부에 대한 전세권설정등기
>
> ㅁ. 부동산의 합유지분에 대한 처분금지가처분등기
>
> ㅂ. 전세권에 대한 가압류등기

① 1개   ② 2개   ③ 3개   ④ 4개   ⑤ 5개

35 등기신청의 각하 사유가 아닌 것은?

① 여러 명의 가등기권리자 중 1인이 자기의 지분 만에 관하여 본등기를 신청한 경우

② 구분건물의 전유부분과 대지사용권의 분리처분 금지에 위반한 등기를 신청한 경우

③ 저당권을 피담보채권과 분리하여 양도하거나, 피담보채권과 분리하여 다른 채권의 담보로 하는 등기를 신청한 경우

④ 이미 보존등기된 부동산에 대하여 다시 보존등기를 신청한 경우

⑤ 법령에 근거가 없는 특약사항의 등기를 신청한 경우

36 등기관이 직권말소할 수 있는 것을 모두 고르면 몇 개인가?

> ㄱ. 공용부분 취득자 甲명의의 소유권보존등기를 하는 경우 '공용부분이라는 뜻의 등기'의 말소등기
>
> ㄴ. 형사재판에서 원인무효임이 판명된 소유권이전등기의 말소등기
>
> ㄷ. 말소등기에 관한 이해관계 있는 제3자의 승낙이 있는 경우, 그 제3자 명의의 등기의 말소등기
>
> ㄹ. 취득세 또는 등록면허세가 납부되지 아니한 소유권이전등기의 말소등기
>
> ㅁ. 무권대리인에 의하여 마쳐진 소유권이전등기의 말소등기

① 1개   ② 2개   ③ 3개   ④ 4개   ⑤ 5개

처분제한등기(가압류 · 가처분 · 경매개시결정등기)

01 처분제한등기의 효력

가압류등기 또는 처분금지가처분등기가 마쳐진 부동산에 대하여도 소유권이전등기와 같은 처분행위를 할 수 있다.

02 주등기와 부기등기

구분	주등기에 의하는 경우	부기등기에 의하는 경우
처분제한등기	소유권의 처분제한등기	소유권외의 권리의 처분제한등기

03 등기의 실행 및 말소방법

가압류	실행	가압류등기는 가압류집행법원이 촉탁하여야 한다.
	말소	가압류등기의 말소등기는 가압류집행법원이 촉탁하여야 한다.
가처분	실행	가처분으로 부동산의 양도 등 일체의 처분을 금지한 때에는 집행법원이 가처분등기를 촉탁한다.
	말소	승소한 가처분채권자가 **소유권이전등기**를 단독신청하는 때에는 그 가처분등기 이후에 마쳐진 등기로서 **가처분채권자의 권리를 침해하는 등기의 말소등기**도 함께 단독신청하여야 한다. 이 경우, 해당 **가처분등기**는 등기관이직권**으로** 말소하여야 한다.

04 처분제한등기의 효력공유지분과 합유지분에 대한 처분제한등기

37 가압류·가처분 등기에 관한 설명으로 옳은 것은?

① 소유권에 대한 가압류등기는 부기등기로 한다.

② 처분금지가처분등기가 되어 있는 토지에 대하여는 소유권이전등기를 신청할 수 없다.

③ 가압류등기의 말소등기는 등기권리자와 등기의무자가 공동으로 신청하여야 한다.

④ 부동산에 대한 처분금지가처분등기의 경우, 금전채권을 피보전권리로 기재한다.

⑤ 부동산의 공유지분에 대해서도 가압류등기가 가능하다.

38 소유권이전등기청구권을 피보전권리로 하는 가처분권자 甲이 승소판결에 의하여 소유권이전등기를 단독으로 신청하는 경우, 당해 가처분등기의 말소절차에 대한 설명으로 옳은 것은?

① 甲이 가처분의무자와 공동으로 가처분등기말소신청을 하여야 한다.

② 甲이 단독으로 소유권이전등기와 동시에 가처분등기말소를 신청할 수 있다.

③ 소유권이전등기가 마쳐지면 가처분의 목적이 달성되었으므로 甲의 말소신청여부에 관계 없이 등기관은 직권으로 가처분등기를 말소하여야 한다.

④ 甲이 소유권이전등기를 마쳤다고 하더라도 당해 가처분등기는 집행법원의 말소촉탁에 의하여 말소하여야 한다.

⑤ 당해 가처분등기라도 가처분취소판결이 확정되어야 말소할 수 있다.

등기의 효력

물권 변동적 효력	❶ 등기관이 **등기를 마친 경우** 그 등기는 접수**한 때부터** 효력을 발생한다. ❷ 등기관이 **등기를 마친 경우** 그 등기는 **전산정보처리조직에** 저장**된 때부터** 효력을 발생한다.	
순위 확정력	주등기	등기의 순서는 등기기록 중 **같은 구**에서 한 등기 상호간에는 순위번호에 따르고, **다른 구**에서 한 등기 상호간에는 접수번호에 따른다
		대지권에 대한 등기로서의 효력이 있는 등기와 대지권의 목적인 토지의 등기기록 중 **해당 구**에 한 등기의 순서는 접수번호에 따른다.
	부기 등기	**부기등기**의 순위는 주등기의 순위에 따른다. 다만, 같은 주등기에 관한 **부기등기 상호간의 순위**는 그 등기 순서에 따른다.
	본등기	**본등기**의 순위는 가등기의 순위에 따른다.
	회복 등기	**말소회복등기**의 순위는 종전의 등기와 동일한 순위와 효력을 보유한다.

대지권에 관한 등기

01 대지권의 등기

1동 건물의 등기기록의 표제부에 대지권의 목적인 토지의 표시(**소재 · 지번 · 지목 · 면적**)에 관한 사항을 기록하고 **전유부분의 등기기록의 표제부**에는 대지권의 표시(**종류 · 비율**)에 관한 사항을 기록하여야 한다.

02 대지권이라는 뜻의 등기

집합건물의 등기기록에 대지권의 등기를 한 경우 **등기관은** 그 권리의 목적인 토지의 등기기록 중 해당구에 **대지권이라는 뜻**을 직권으로 등기하여야 한다.

03 토지에 관하여 별도등기가 있다는 뜻의 등기

토지 등기기록에 별도 등기가 있을 때에는 등기관은 그 건물의 등기기록 중 전유부분 표제부에 **별도의 등기가 있다는 뜻**을 직권으로 기록하여야 한다.

39 다음 중 연결이 틀린 것은?

①	대지권의 목적인 토지의 표시 (소재, 지번, 지목, 면적)	건물 등기기록	1동건물의 표제부	신청
②	대지권의 표시(종류, 비율)	건물 등기기록	전유부분의 표제부	신청
③	소유권 또는 전세권 등이 대지권이라는 뜻의 등기	토지 등기기록	해당구	직권
④	공용부분이라는 뜻의 말소등기	건물 등기기록	전유부분의 표제부	직권
⑤	토지등기기록에 별도등기가 있다는 뜻의 등기	건물 등기기록	1동건물의 표제부	직권

40 구분건물에 관한 설명 중 틀린 것은?

① 집합건물의 등기기록에 대지권의 등기를 한 경우 등기관은 그 권리의 목적인 토지의 등기기록 중 해당 구에 대지권이라는 뜻을 직권으로 등기하여야 한다.

② 구분건물 등기기록의 경우 1동의 건물에는 표제부만 두고 전유부분에는 갑구와 을구만 둔다.

③ 소유권이 대지권이라는 뜻이 등기된 토지에 대해서는 그 토지만에 관한 저당권을 설정할 수 없다.

④ 상가건물도 일정한 요건을 갖춘 경우에는 구분소유의 목적으로 할 수 있다.

⑤ 규약상 공용부분을 등기하는 경우에는 갑구와 을구는 두지 않고 표제부만 둔다.

복습문제

본문의 문제를 하나로 모아
다시 한 번 복습할 수 있도록 하였습니다.

01 복습문제

01 토지의 조사·등록에 관한 설명으로 옳은 것은?

① 지적소관청은 모든 토지에 대하여 필지별로 소재·지번·지목·면적·경계 또는 좌표 등을 조사, 측량하여 지적공부에 등록하여야 한다.

② 지적공부에 등록하는 지번·지목·면적·경계 또는 좌표는 토지의 이동이 있을 때 토지 소유자의 신청을 받아 국토교통부장관이 결정한다. 다만, 신청이 없으면 국토교통부장관이 직권으로 조사, 측량하여 결정할 수 있다.

③ 지적소관청은 토지의 이동현황을 직권으로 조사·측량하여 토지의 지번·지목·면적·경계 또는 좌표를 결정하려는 때에는 토지이동기본계획을 수립하여야 한다.

④ 토지이동현황조사계획은 시·도별로 수립하되, 부득이한 사유가 있는 때에는 시·군·구별로 수립할 수 있다.

⑤ 지적소관청은 토지이동현황조사 결과에 따라 토지의 지번·지목·면적·경계 또는 좌표를 결정한 때에는 이에 따라 지적공부를 정리하여야 한다.

02 공간정보의 구축 및 관리 등에 관한 법령상 지번의 구성 및 부여방법에 관한 설명으로 옳은 것은?

① 지번은 북동에서 남서로 순차적으로 부여하여야 한다.

② 지적소관청은 지번을 변경할 필요가 있다고 인정하면 국토교통부장관의 승인을 받아 지번을 새로 부여할 수 있다.

③ 축척변경지역의 필지에 지번을 부여할 때에는 그 지번부여지역에서 인접토지의 본번에 부번을 붙여서 지번을 부여하여야 한다.

④ 신규등록 대상토지가 그 지번부여지역의 최종 지번의 토지에 인접하여 있는 경우에는 그 지번부여지역의 최종 본번의 다음 순번부터 본번으로 하여 순차적으로 지번을 부여할 수 있다.

⑤ 합병 대상 지번 중 선 순위의 지번을 그 지번으로 하되, 본번으로 된 지번이 있을 때에는 본번 중 최종 순위의 지번을 합병 후의 지번으로 한다.

03 공간정보의 구축 및 관리 등에 관한 법령상 지번의 부여방법 등에 관한 설명으로 틀린 것은?

① 도시개발사업 등이 준공되기 전에 사업시행자가 지번부여 신청을 하면 사업계획도에 따라 지번을 부여할 수 있다.

② 분할의 경우에는 분할 후의 필지 중 1필지의 지번은 분할 전의 지번으로 하고, 나머지 필지의 지번은 최종 본번 다음 순번의 본번을 순차적으로 부여하여야 한다.

③ 지적확정측량실시지역에서 부여할 수 있는 종전 지번의 수가 새로 부여할 지번의 수보다 적을 때에는 지번부여지역의 최종 본번 다음 순번부터 본번으로 하여 차례로 지번을 부여할 수 있다.

④ 합병의 경우로서 토지소유자가 합병 전의 필지에 주거·사무실 등의 건축물이 있어서 그 건축물이 위치한 지번을 합병 후의 지번으로 신청할 때에는 그 지번을 합병 후의 지번으로 부여하여야 한다.

⑤ 등록전환 대상토지가 이미 등록된 토지와 멀리 떨어져 있는 경우 그 지번부여지역의 최종 본번의 다음 순번부터 본번으로 하여 순차적으로 지번을 부여할 수 있다.

04 공간정보의 구축 및 관리 등에 관한 법령상 지번부여방법이 다른 하나는?

① 임야대장에 등록된 토지를 토지대장으로 옮겨 등록하는 경우

② 도시개발사업 등이 완료됨에 따라 지적확정측량을 실시한 지역안의 각 필지에 지번을 새로이 부여하는 경우

③ 축척변경시행지역 안의 필지에 새로이 지번을 부여하는 경우

④ 지적소관청이 지번부여지역 안의 일부 또는 전부의 지번을 변경하는 경우

⑤ 행정구역의 개편 등으로 지번을 새로이 정하는 경우

05 공간정보의 구축 및 관리 등에 관한 법령상 지목이 "대"인 것은 모두 몇 개인가?

> ㄱ. 국토의 계획 및 이용에 관한 법률 규정에 따라 택지조성공사가 준공된 토지
>
> ㄴ. 고속도로의 휴게소 부지
>
> ㄷ. 과수원 안에 있는 주거용 건축물의 부지
>
> ㄹ. 목장용지 안에 있는 주거용 건축물의 부지
>
> ㅁ. 공장용지 안에 위치한 사무실 부지
>
> ㅂ. 묘지의 관리를 위한 건축물의 부지

① 1개   ② 2개   ③ 3개   ④ 4개   ⑤ 5개

06 공간정보 구축 및 관리 등에 관한 법령상 지목에 대한 설명 중 옳은 것은?

① 수림지, 죽림지 및 암석지, 자갈땅, 모래땅, 습지, 황무지 등은 '잡종지'로 한다.

② 변전소·송신소·수신소·송유시설 등의 부지는 '주유소용지'로 한다.

③ 학교용지·공원·종교용지 등 다른 지목으로 된 토지 안에 있는 유적·고적·기념물 등을 보호하기 위하여 구획된 토지는 '사적지'로 한다.

④ 골프연습장·실내수영장 및 체육도장, 유수(流水)를 이용한 요트장 및 카누장 등의 부지는 '체육용지'로 한다.

⑤ 위락, 휴양 등에 적합한 시설물을 종합적으로 갖춘 야영장의 부지는 '잡종지'로 한다.

07 공간정보의 구축 및 관리 등에 관한 법령상 지목에 대한 설명 중 옳은 것은?

① 골프연습장·실내수영장 및 체육도장, 유수를 이용한 요트장 및 카누장 등의 토지는 '체육용지'로 한다.

② 2필지 이상에 진입하는 통로와 아파트·공장 등 단일용도의 일정한 단지 안에 설치된 통로의 지목은 '도로'로 하여야 한다.

③ 노상주차장, 부설주차장, 물류장, 야외 전시장의 지목은 '주차장'으로 한다.

④ 여객자동차터미널 등 자동차와 관련된 독립적인 시설물을 갖춘 부지 및 공항시설 및 항만시설 부지는 '주차장'으로 지목을 설정한다.

⑤ 석유, 석유제품 등의 판매를 위한 시설물의 부지, 저유소 및 원유 저장소의 부지는 '주요소용지'로 한다.

08 공간정보의 구축 및 관리 등에 관한 법령상 지목의 구분으로 옳은 것은?

① 축산업 및 낙농업을 하기 위하여 초지를 조성한 토지와 그 토지에 설치된 주거용 건축물의 부지의 지목은 '목장용지'로 한다.

② 물건 등을 보관하거나 저장하기 위하여 독립적으로 설치된 보관시설물의 부지와 이에 접속된 부속시설물의 부지의 지목은 '대'로 한다.

③ 제조업을 하고 있는 공장시설물의 부지와 같은 구역에 있는 의료시설 등 부속시설물의 부지의 지목은 '공장용지'로 한다.

④ 물을 상시적으로 직접 이용하여 벼·연(蓮)·미나리·왕골 등의 식물을 주로 재배하는 토지의 지목은 '유지'로 한다.

⑤ 용수(用水) 또는 배수(排水)를 위하여 일정한 형태를 갖춘 인공적인 수로·둑 및 그 부속 시설물의 부지의 지목은 '제방'으로 한다.

09 분할에 따른 지상경계 결정시 지상건축물을 걸리게 결정 할 수 없는 것은?

① 법원의 확정판결이 있는 경우

② 도시개발사업 등의 사업시행자가 사업지구의 경계를 결정하기 위하여 분할하고자 하는 경우

③ 토지이용상 불합리한 지상경계를 시정하기 위하여 분할하는 경우

④ 공공사업으로 인하여 학교용지·도로·철도용지·제방·하천·구거·유지·수도용지 등의 지목으로 되는 토지를 분할하는 경우

⑤ 「국토의 계획 및 이용에 관한 법률」의 규정에 의한 도시계획결정고시와 지형도면고시가 된 지역의 도시·군 관리계획선에 따라 토지를 분할하는 경우

10 공간정보의 구축 및 관리 등에 관한 법령상 지상 경계의 위치표시 및 결정 등에 관한 설명으로 옳은 것은?

① 지적소관청은 토지의 이동에 따라 지상 경계를 새로 정한 경우에는 경계점좌표등록부를 작성·관리하여야 한다.

② 공유수면매립지의 토지 중 제방을 토지에 편입하여 등록하는 경우에는 안쪽 어깨부분을 경계로 한다.

③ 토지의 지상 경계는 둑, 담장이나 그 밖에 구획의 목표가 될 만한 구조물 및 경계점표지 등으로 구분한다.

④ 도로·구거 등의 토지에 절토(땅깎기)된 부분이 있는 경우에는 그 경사면의 하단부를 경계로 한다.

⑤ 도시개발사업 등의 사업시행자가 사업지구의 경계를 결정하기 위하여 토지를 분할하는 경우, 지상 건축물을 걸리게 하여 지상 경계를 결정해서는 아니 된다.

11 공간정보의 구축 및 관리 등에 관한 법령상 지상경계점등록부의 등록사항에 해당하는 것을 모두 고르면 몇 개인가?

> ㄱ. 토지의 고유번호
>
> ㄴ. 경계점 표지의 종류 및 경계점 위치
>
> ㄷ. 경계점 위치 설명도와 경계점의 사진 파일
>
> ㄹ. 토지소유자와 인접 토지 소유자의 서명·날인
>
> ㅁ. 공부상 지목과 실제 토지이용 지목

① 1개   ② 2개   ③ 3개   ④ 4개   ⑤ 5개

12 경계점좌표등록부에 등록하는 지역에서 1필지의 면적측정을 위해 계산한 값이 1,090.45m²인 경우 토지대장에 등록할 면적으로 옳은 것은?

① 1090m²   ② 1090.4m²

③ 1090.45m²   ④ 1090.5m²

⑤ 1091m²

13 경위의측량방법에 의하여 지적확정측량을 시행하는 지역에서 1필지의 면적을 산출한 결과 1988.453m²인 경우 지적공부에 등록할 면적으로 옳은 것은?

① 1988m²   ② 1988.4m²

③ 1988.45m²   ④ 1988.5m²

⑤ 1988.46m²

14 공간정보의 구축 및 관리 등에 관한 법령상 지적공부에 등록하는 면적에 관한 설명으로 옳은 것은?

① 지적도의 축척이 600분의 1인 지역의 1필지 면적이 1제곱미터 미만일 때에는 1제곱미터로 한다.

② 지적도의 축척이 1200분의 1인 지역의 1필지 면적이 0.1제곱미터 미만일 때에는 0.1제곱미터로 한다.

③ 신규등록·등록전환을 하는 때에는 새로이 측량하여 각 필지의 면적을 정한다.

④ 합병에 따른 경계·좌표 또는 면적은 지적측량을 하여 결정한다.

⑤ 경위의측량방법으로 세부측량을 한 지역의 필지별 면적측정은 전자면적측정기에 의한다.

15 공간정보의 구축 및 관리 등에 관한 법령상 지적도의 축척에 해당하는 것을 모두 고르면 몇 개인가?

ㄱ. 1/500	ㄴ. 1/600	ㄴ. 1/2000
ㄷ. 1/2400	ㄹ. 1/3000	ㅁ. 1/6000

① 1개

② 2개

③ 3개

④ 4개

⑤ 5개

16 공인중개사 A가 토지매매를 중개하면서 매수인 B에게 설명한 지적(地籍)에 관한 다음 내용 중 옳은 것은?

① 지적도에 표기된 '590 주'는 지번이 590이고, 지목은 '주차장'이라고 설명하였다.

② 토지대장을 확인하여 인접 토지의 '경계'를 설명하였다.

③ 토지대장을 확인하여 토지의 '소유권 및 제한물권'을 설명하였다.

④ 지적도를 확인하여 토지의 '면적'을 설명하였다.

⑤ 경계점좌표등록부를 확인하여 '소재와 지번'을 설명하였다.

17 공간정보의 구축 및 관리 등에 관한 법령상 공유지연명부와 대지권등록부의 공통 등록 사항을 모두 고른 것은?

> ㄱ. 토지의 고유번호
>
> ㄴ. 건물 명칭, 전유부분의 표시, 대지권의 비율
>
> ㄷ. 소유자의 성명 또는 명칭, 주소 및 주민등록번호
>
> ㄹ. 소재 및 지번
>
> ㅁ. 소유권의 지분

① ㄱ, ㄴ, ㄷ   ② ㄱ, ㄴ, ㄷ, ㄹ   ③ ㄱ, ㄷ, ㄹ, ㅁ

④ ㄴ, ㄷ, ㄹ, ㅁ   ⑤ ㄱ, ㄴ, ㄹ, ㅁ

18 공간정보의 구축 및 관리 등에 관한 법령상 지적공부와 등록사항의 연결이 옳은 것은?

① 토지대장 - 경계와 면적

② 임야대장 - 건축물 및 구조물 등의 위치

③ 공유지연명부 - 소유권의 지분과 토지의 이동사유

④ 대지권등록부 - 대지권의 비율과 지목

⑤ 토지대장 · 임야대장 · 공유지연명부 · 대지권등록부 - 토지소유자가 변경된 날과 그 원인

19 공간정보의 구축 및 관리 등에 관한 법령상 지적기준점성과와 지적기준점성과의 열람 및 등본 발급 신청기관의 연결이 옳은 것은?

① 지적삼각점성과 - 시 · 도지사 또는 지적소관청

② 지적삼각보조점성과 - 시 · 도지사

③ 지적삼각보조점성과 - 지적측량수행자

④ 지적도근점성과 - 시 · 도지사 또는 지적소관청

⑤ 지적도근점성과 - 한국국토정보공사

20 공간정보의 구축 및 관리 등에 관한 법령상 경계점좌표등록부를 갖춰 두는 지역의 지적도가 아래와 같은 경우 이에 관한 설명으로 옳은 것은?

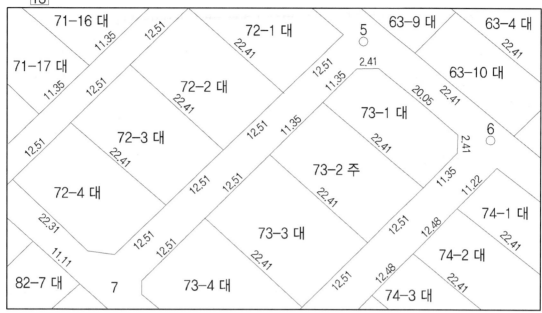

00시 00동 지적도(좌표) 20장 중 제8호 축척 500분의 1

① 위 지적도에 등록된 토지의 면적측정은 전자면적측정기에 의한다.

② 위 지적도에 등록된 토지의 면적은 제곱미터 이하 한자리 단위로 결정한다.

③ 위 지적도에 등록된 토지의 경계복원측량은 평판측량 또는 전자평판측량방법으로 하여야 한다.

④ 도곽선 오른쪽 아래 끝에 '이 도면으로 측량할 수 없음'이라고 기록하여야 한다.

⑤ 위 지적도에 등록된 72-1번지 토지의 경계선상에 등록된 '22.41'은 좌표에 의하여 계산된 경계점간의 각도를 나타낸다.

21 공간정보의 구축 및 관리 등에 관한 법령상 지적공부의 보존 및 보관방법 등에 관한 설명으로 틀린 것은? (단, 정보처리시스템을 통하여 기록·저장한 지적공부는 제외함)

① 지적공부를 정보처리시스템을 통하여 기록·저장한 경우 관할 시·도지사, 시장·군수 또는 구청장은 그 지적공부를 지적정보관리체계에 영구히 보존하여야 한다.

② 국토교통부장관의 승인을 받은 경우 지적공부를 해당 청사 밖으로 반출할 수 있다.

③ 지적서고는 지적사무를 처리하는 사무실과 연접(連接)하여 설치하여야 한다.

④ 지적소관청은 해당 청사에 지적서고를 설치하고 그 곳에 지적공부를 영구히 보존하여야 한다.

⑤ 카드로 된 토지대장·임야대장·공유지연명부·대지권등록부 및 경계점좌표등록부는 100장 단위로 바인더(binder)에 넣어 보관하여야 한다.

22 공간정보의 구축 및 관리 등에 관한 법령상 지적공부의 보존 등에 관한 설명으로 옳은 것을 모두 고른 것은?

> ㄱ. 지적서고는 지적사무를 처리하는 사무실과 연접(連接)하여 설치하여야 한다.
>
> ㄴ. 지적소관청은 천재지변이나 그 밖에 이에 준하는 재난을 피하기 위하여 필요한 경우에는 지적공부를 해당 청사 밖으로 반출할 수 있다.
>
> ㄷ. 카드로 된 토지대장·임야대장 등은 200장 단위로 바인더(binder)에 넣어 보관하여야 한다.
>
> ㄹ. 지적공부를 정보처리시스템을 통하여 기록·저장한 경우 관할 시·도지사, 시장·군수 또는 구청장은 그 지적공부를 지적정보관리체계에 영구히 보존하여야 한다.

① ㄱ, ㄷ

② ㄴ, ㄹ

③ ㄷ, ㄹ

④ ㄱ, ㄴ, ㄷ

⑤ ㄱ, ㄴ, ㄹ

23 공간정보의 구축 및 관리 등에 관한 법령상 지적공부의 관리 등에 관한 설명으로 옳은 것은?

① 지적공부를 복구할 때에는 멸실·훼손 당시의 지적공부와 가장 부합된다고 인정되는 관계 자료에 따라 토지의 표시에 관한 사항을 복구하여야 한다. 다만, 소유자에 관한 사항은 지적소관청이 직접 조사하여 등록하여야 한다.

② 지적공부의 등본, 개별공시지가 자료, 지적측량의뢰서, 법원의 확정판결서 정본 또는 사본은 지적공부의 토지표시에 관한 복구자료에 해당한다.

③ 정보처리시스템을 통하여 기록·저장된 지적공부를 열람하거나 그 등본을 발급받으려는 경우에는 시·도지사, 시장·군수 또는 구청장이나 읍·면·동의 장에게 신청할 수 있다.

④ 토지소유자가 자기 토지에 대한 지적전산자료를 신청하거나, 토지소유자가 사망하여 그 상속인이 피상속인의 토지에 대한 지적전산자료를 신청하는 경우에는 관계 중앙행정기관의 심사를 받지 아니할 수 있다.

⑤ 지적소관청은 지적공부의 전부 또는 일부가 멸실되거나 훼손되어 이를 복구하고자 하는 경우에는 시·도지사 또는 대도시 시장의 승인을 받아야 한다.

24 공간정보의 구축 및 관리 등에 관한 법령상 부동산종합공부의 등록사항에 해당하지 않는 것은?

① 토지의 표시와 소유자에 관한 사항 : 「공간정보의 구축 및 관리 등에 관한 법률」에 따른 지적공부의 내용

② 건축물의 표시와 소유자에 관한 사항(토지에 건축물이 있는 경우만 해당한다) : 「건축법」에 따른 건축물대장의 내용

③ 토지의 이용 및 규제에 관한 사항 : 「토지이용규제 기본법」에 따른 토지이용계획확인서의 내용

④ 부동산의 보상에 관한 사항 : 「공익사업을 위한 토지 등의 취득 및 보상에 관한 법률」에 따른 부동산의 보상 가격 내용

⑤ 부동산의 가격에 관한 사항 : 「부동산 가격공시 및 감정평가에 관한 법률」에 따른 개별공시지가, 개별주택가격 및 공동주택가격 공시내용

25 공간정보의 구축 및 관리 등에 관한 법령상 부동산종합공부에 관한 설명이다. 틀린 것은 모두 몇 개인가?

> ㄱ. 지적소관청은 부동산종합공부에 등록되는 사항을 관리하는 기관의 장에게 관련자료의 제출을 요구할 수 있다.
>
> ㄴ. 부동산종합공부의 등록사항을 관리하는 기관의 장은 지적소관청에 상시적으로 관련정보를 제공하여야 한다.
>
> ㄷ. 지적소관청은 부동산종합공부의 불일치 등록사항에 대해서는 등록사항을 정정하고, 등록사항을 관리하는 기관의 장에게 그 내용을 통지하여야 한다.
>
> ㄹ. 토지소유자는 부동산종합공부의 등록사항에 잘못이 있음을 발견하면 지적소관청 또는 읍·면·동의 장에게 그 정정을 신청할 수 있다.
>
> ㅁ. 부동산종합공부를 열람하거나 기록사항의 전부 또는 일부에 관한 증명서를 발급받으려는 자는 지적소관청 또는 읍·면·동의 장에게 신청할 수 있다.

① 1개 ② 2개 ③ 3개 ④ 4개 ⑤ 5개

26 공간정보의 구축 및 관리 등에 관한 법령상 시·도지사 또는 대도시의 시장의 승인을 얻어야 하는 것은?

> ㄱ. 지적공부의 반출
>
> ㄴ. 지적전산정보자료의 이용
>
> ㄷ. 지적공부의 복구
>
> ㄹ. 지번변경
>
> ㅁ. 축척변경

① 1개 ② 2개 ③ 3개 ④ 4개 ⑤ 5개

27 **지적전산자료**(연속지적도를 포함한다)**의 이용 및 활용에 관한 내용이다. 틀린 것은?**

① 지적공부에 관한 전산자료(지적전산자료)를 이용·활용하고자 하는 자는 관계 중앙행정 기관의 심사를 거쳐야 한다.

② 시·도 단위의 지적전산자료를 이용하려는 자는 시·도지사 또는 지적소관청에게 신청 하여야 한다.

③ 시·군·구 단위의 지적전산자료를 이용하려는 자는 지적소관청에게 신청하여야 한다.

④ 중앙행정기관의 장, 그 소속 기관의 장이 지적전산자료를 신청하는 경우에는 중앙행정 기관의 심사를 받지 아니할 수 있다.

⑤ 토지소유자가 사망하여 그 상속인이 피상속인의 토지에 대한 지적전산자료를 신청하는 경우에는 관계 중앙행정기관의 심사를 받아야 한다.

28 **공간정보의 구축 및 관리 등에 관한 법령상 연속지적도의 관리 등에 관한 내용으로 틀린 것은?**

① "연속지적도"란 지적측량을 하지 아니하고 전산화된 지적도 및 임야도 파일을 이용하 여, 도면상 경계점들을 연결하여 작성한 도면으로서 **측량에 활용할 수 없는 도면**을 말 한다.

② 국토교통부장관은 연속지적도의 관리 및 정비에 관한 **정책**을 **수립·시행**하여야 한다.

③ 국토교통부장관은 연속지적도를 체계적으로 관리하기 위하여 연속지적도 **정보관리체계** 를 **구축·운영**할 수 있다.

④ 국토교통부장관은 지적도·임야도에 등록된 사항에 대하여 토지의 이동 또는 **오류사항** 을 **정비**한 때에는 이를 연속지적도에 **반영**하여야 한다.

⑤ 국토교통부장관 또는 지적소관청은 연속지적도 정보관리체계의 구축·운영에 관한 **업 무**를 법인, 단체 또는 기관에 **위탁**할 수 있다.

29 공간정보의 구축 및 관리 등에 관한 법령상 토지이동과 관련된 다음 설명 중 틀린 것은?

① 산지관리법에 따른 산지전용허가·신고, 산지일시사용허가·신고, 건축법에 따른 건축허가·신고 또는 그 밖의 관계 법령에 따른 개발행위 허가 등을 받은 경우에 토지소유자는 등록전환을 신청할 수 있다.

② 토지소유자의 신청에 의하여 신규등록을 한 경우 지적소관청은 등기관서에 그 변경사항에 관한 등기를 촉탁할 필요가 없다.

③ 1필지의 일부가 용도가 다르게 된 경우에는 토지소유자는 60일 이내에 지적소관청에 분할신청과 함께 지목변경을 신청하여야 한다.

④ 신규등록하는 경우 소유권에 관한 증명서면으로 법원의 확정판결, 준공검사확인증, 등기완료통지서 등을 첨부하여야 한다.

⑤ 토지소유자는 도로, 제방, 하천, 구거 등의 지목으로서 연접하여 있으나 구획 내에 2필지 이상으로 등록된 경우, 그 사유가 발생한 날부터 60일 이내에 지적소관청에 합병을 신청하여야 한다.

30 임야대장등록지의 토지를 토지대장등록지의 토지로 옮겨 등록하는 등록전환에 관련된 설명으로 틀린 것은?

① 토지소유자는 등록전환 사유가 발생한 날부터 60일 이내에 지적소관청에 신청하며, 등록전환 대상토지는 이미 등록된 인접토지와 동일한 축척으로 등록한다.

② 대부분의 토지가 등록전환되어 나머지 토지가 임야대장등록지에 계속 존치할 필요가 없는 경우, 토지소유자는 등록전환을 신청할 수 있다.

③ 도시·군관리계획선에 따라 토지를 분할하는 경우에는 등록전환을 신청할 수 있다.

④ 임야대장의 면적과 등록전환될 면적 차이가 법령에 규정된 허용범위를 초과하는 경우에는 임야대장의 면적 또는 임야도의 경계를 지적소관청이 직권으로 정정하여야 한다.

⑤ 등록전환에 따른 면적을 정할 때 임야대장의 면적과 등록전환될 면적의 차이가 오차의 허용범위 이내인 경우, 임야대장의 면적을 등록전환면적으로 결정한다.

31 공간정보의 구축 및 관리 등에 관한 법령상 토지의 분할에 관한 설명으로 틀린 것은?

① 토지를 분할하는 경우 주거·사무실 등의 건축물이 있는 필지에 대하여는 분할 전의 지번을 우선하여 부여하여야 한다.

② 토지의 매매를 위하여 필요한 경우에는 분할을 신청할 수 있다.

③ 토지이용상 불합리한 지상 경계를 시정하기 위한 경우에는 분할을 신청할 수 있다.

④ 도시개발사업 등의 사업시행자가 사업지구의 경계를 결정하기 위하여 토지를 분할하는 경우에는 지상 건축물을 걸리게 하여 경계를 결정하여서는 아니 된다.

⑤ 지적공부에 등록된 1필지의 일부가 관계 법령에 따른 형질변경 등으로 용도가 다르게 된 때에는 지적소관청에 토지의 분할을 신청하여야 한다.

32 甲토지에 乙토지를 합병하여 토지의 합필등기를 신청하고자 한다. 다음 중 합필등기를 할 수 없는 것은?

① 甲토지와 乙토지 모두에 등기법 제81조 제1항의 등기사항이 같은 신탁등기가 있는 경우

② 甲토지에는 전세권설정등기, 乙토지에는 임차권설정등기가 있는 경우

③ 甲토지와 乙토지 모두에 등기원인 및 그 연월일과 접수번호가 동일한 전세권등기가 있는 경우

④ 甲토지와 乙토지에 모두 가압류등기가 있고, 등기원인 및 그 연월일과 접수번호가 서로 같은 경우

⑤ 甲토지와 乙토지에 모두 근저당권설정등기가 있고, 등기원인 및 그 연월일과 접수번호가 서로 같은 경우

33 공간정보의 구축 및 관리 등에 관한 법령상 토지의 이동신청에 관한 설명으로 틀린 것은?

① 토지소유자는 「주택법」에 따른 공동주택의 부지로서 합병할 토지가 있으면 그 사유가 발생한 날부터 60일 이내에 지적소관청에 합병을 신청하여야 한다.

② 공유수면매립 준공에 의하여 신규등록할 토지가 있는 경우 토지소유자는 그 사유가 발생한 날부터 60일 이내에 관청에 신규등록을 신청하여야 한다.

③ 임야도에 등록된 토지를 도시·군 관리계획선에 따라 분할하는 경우 토지소유자는 등록전환을 신청할 수 있다.

④ 토지소유자는 토지나 건축물의 용도가 변경되어 지목변경을 하여야 할 토지가 있으면 그 사유가 발생한 날부터 60일 이내에 지적소관청에 지목변경을 신청하여야 한다.

⑤ 바다로 되어 말소된 토지가 지형의 변화 등으로 다시 토지가 된 경우 토지소유자는 그 사유가 발생한 날부터 90일 이내에 토지의 회복등록을 지적소관청에 신청하여야 한다.

34 지적공부의 등록사항에 오류가 있는 경우 지적소관청의 직권으로 정정할 수 있는 사항은?

① 지적도에 등록된 필지의 경계가 지상 경계와 일치하지 않아 면적의 증감이 있는 경우

② 토지이용계획확인서 내용과 다르게 정리된 경우

③ 지적측량을 잘못한 경우

④ 임야대장의 면적과 등록전환될 면적의 차이가 허용범위 이내인 경우

⑤ 지적위원회의 의결서 내용에 따라 등록사항을 정정하여야 하는 경우

35 공간정보의 구축 및 관리 등에 관한 법령상 지적공부의 등록사항정정에 관한 설명으로 틀린 것은?

① 지적도 및 임야도에 등록된 필지가 면적의 증감 없이 경계의 위치만 잘못 등록된 경우 지적소관청이 직권으로 조사·측량하여 정정할 수 있다.

② 토지소유자가 경계 또는 면적의 변경을 가져오는 등록사항에 대한 정정신청을 하는 때에는 정정사유를 기재한 신청서에 등록사항정정측량성과도를 첨부하여 지적소관청에 제출하여야 한다.

③ 등기된 토지의 지적공부 등록사항정정 내용이 토지의 표시에 관한 사항인 경우 등기필정보, 등기사항증명서 또는 등기관서에서 제공한 등기전산정보자료, 등기신청접수증에 따라 정정하여야 한다.

④ 등록사항정정 신청사항이 미등기 토지의 소유자 성명에 관한 사항으로서 명백히 잘못 기재된 경우에는 가족관계기록사항에 관한 증명서에 따라 정정할 수 있다.

⑤ 등록사항 정정 대상 토지에 대한 대장을 열람하게 하거나 등본을 발급하는 때에는 등록사항 정정 대상토지라고 적은 부분을 흑백의 반전(反轉)으로 표시하거나 붉은색으로 적어야 한다.

36 공간정보의 구축 및 관리 등에 관한 법령상 축척변경에 관한 설명이다. (   )안에 들어갈 내용으로 옳은 것은?

> • 지적소관청은 축척변경을 하려면 축척변경 시행지역의 토지소유자 (㉠)의 동의를 받아 축척변경위원회의 의결을 거친 후 (㉡)의 승인을 받아야 한다.
> • 축척변경 시행지역의 토지소유자 또는 점유자는 시행공고일부터 (㉢) 이내에 시행공고일 현재 점유하고 있는 경계에 경계점표지를 설치하여야 한다.
> • 지적소관청은 청산금에 관한 수령통지를 한 날부터 (㉣) 이내에 청산금을 내야 한다.

	㉠	㉡	㉢	㉣
①	2분의 1 이상	국토교통부장관	30일	1개월
②	2분의 1 이상	시·도지사 또는 대도시 시장	60일	3개월
③	2분의 1 이상	국토교통부장관	60일	3개월
④	3분의 2 이상	시·도지사 또는 대도시 시장	30일	6개월
⑤	3분의 2 이상	국토교통부장관	60일	6개월

37 공간정보의 구축 및 관리 등에 관한 법령상 축척변경위원회의 심의·의결사항으로 틀린 것은?
① 지번별 제곱미터당 금액의 결정에 관한 사항
② 축척변경 승인에 관한 사항
③ 청산금의 산정에 관한 사항
④ 청산금의 이의신청에 관한 사항
⑤ 축척변경 시행계획에 관한 사항

38 도시개발사업 등의 시행지역에서 토지이동의 신청에 관한 설명으로 옳은 것은?

① 「농어촌정비법」에 따른 농어촌정비사업의 시행자는 그 사업의 착수·변경 및 완료 사실을 시·도지사에게 신고하여야 한다.

② 도시개발사업 등의 착수·변경 또는 완료사실의 신고는 그 사유가 발생한 날부터 20일 내에 지적소관청에 하여야 한다.

③ 주택건설사업의 시행자가 파산 등의 이유로 토지이동신청을 할 수 없는 때에는 그 주택의 시공을 보증한 자 또는 입주예정자가 신청할 수 있다.

④ 「주택법」에 따른 주택건설사업의 시행자가 파산 등의 이유로 토지의 이동 신청을 할 수 없을 때에는 토지소유자가 신청할 수 있다

⑤ 도시개발사업 등으로 인한 토지의 이동은 토지의 형질변경 등의 공사가 착수된 때 그 이동이 있는 것으로 본다.

39 공간정보 구축 및 관리 등에 관한 법령상 토지소유자의 정리 등에 관한 설명으로 틀린 것은?

> ㄱ. 지적소관청은 등기부에 적혀 있는 토지의 표시가 지적공부와 일치하지 아니하면 토지소유자를 정리한 후, 그 뜻을 관할 등기관서에 통지하여야 한다.
>
> ㄴ. 토지소유자의 변동 등에 따른 지적공부를 정리하려는 경우에는 토지이동정리결의서를 작성하여 지적공부를 정리하여야 한다.
>
> ㄷ. 지적공부에 신규등록하는 토지의 소유자에 관한 사항은 등기관서에서 등기한 것을 증명하는 등기필증, 등기완료통지서, 등기사항증명서 또는 등기관서에서 제공한 등기전산정보자료에 따라 정리한다.
>
> ㄹ. 지적소관청은 필요하다고 인정하는 경우에는 관할 등기관서의 등기부를 열람하여 지적공부와 부동산등기부가 일치하는지 여부를 조사·확인하여야 한다.
>
> ㅁ. 지적소관청 소속 공무원이 지적공부와 부동산등기부의 부합 여부를 확인하기 위하여 등기전산정보자료의 제공을 요청하는 경우 그 수수료는 무료로 한다.

① 1개   ② 2개   ③ 3개   ④ 4개   ⑤ 5개

40 공간정보의 구축 및 관리 등에 관한 법령상 지적측량을 실시하여야 할 대상으로 틀린 것은?

① 「지적재조사에 관한 특별법」에 따른 지적재조사사업에 따라 토지의 이동이 있는 경우로서 측량을 할 필요가 있는 경우

② 지적측량수행자가 실시한 측량성과에 대하여 지적소관청이 검사를 위해 필요한 경우

③ 연속지적도에 있는 경계점을 지상에 표시하기 위해 측량을 하는 경우

④ 지상건축물 등의 현황을 지적도 및 임야도에 등록된 경계와 대비하여 표시하기 위해 측량을 할 필요가 있는 경우

⑤ 도시개발사업 등으로 인한 토지의 이동시 측량을 할 필요가 있는 경우

41 공간정보의 구축 및 관리 등에 관한 법령상 지적측량을 하여야 하는 경우가 아닌 것은?

① 지적측량성과를 검사하는 경우

② 경계점을 지상에 복원하는 경우

③ 지상건축물 등의 현황을 지적도 및 임야도에 등록된 경계와 대비하여 표시하는 데에 필요한 경우

④ 위성기준점 및 공공기준점을 설치하는 경우

⑤ 바다가 된 토지의 등록을 말소하는 경우로서 지적측량을 할 필요가 있는 경우

42 공간정보의 구축 및 관리 등에 관한 법령상 토지소유자 등 이해관계인이 지적측량수행자에게 지적측량을 의뢰하여야 하는 경우가 아닌 것을 모두 고른 것은? (단, 지적측량을 할 필요가 있는 경우임)

> ㄱ. 지적측량성과를 검사하는 경우
>
> ㄴ. 토지를 등록전환하는 경우
>
> ㄷ. 축척을 변경하는 경우
>
> ㄹ. 「지적재조사에 관한 특별법」에 따른 지적재조사사업에 따라 토지의 이동이 있는 경우

① ㄱ, ㄴ

② ㄱ, ㄹ

③ ㄷ, ㄹ

④ ㄱ, ㄴ, ㄷ

⑤ ㄴ, ㄷ, ㄹ

43 **지방지적위원회의 심의 · 의결사항으로 옳은 것은?**

① 지적측량에 대한 적부심사(適否審査) 청구사항

② 지적측량기술의 연구 · 개발 및 보급에 관한 사항

③ 지적 관련 정책 개발 및 업무 개선 등에 관한 사항

④ 지적기술자의 업무정지 처분 및 징계요구에 관한 사항

⑤ 지적분야 측량기술자의 양성에 관한 사항

44 **중앙지적위원회의 심의 · 의결사항으로 틀린 것은?**

① 지적기술자의 양성에 관한 사항

② 지적측량기술의 연구 · 개발 및 보급에 관한 사항

③ 지적재조사 기본계획의 수립 및 변경에 관한 사항

④ 지적 관련 정책 개발 및 업무 개선 등에 관한 사항

⑤ 지적기술자의 업무정지 처분 및 징계요구에 관한 사항

부동산등기법

01 등기신청적격에 관한 설명으로 틀린 것은?

① 외국인은 법령이나 조약의 제한이 없는 한 자기 명의로 등기신청을 하고 등기명의인이 될 수 있다.

② 사립대학이 부동산을 기증받은 경우에도, 학교 명의로 소유권이전등기를 할 수 없다.

③ 민법상 조합 명의로 등기를 신청할 수 없으므로, 조합원 전원 명의로 합유등기를 신청하여야 한다.

④ 법인 아닌 사단·재단에 속하는 부동산에 관한 등기는 그 사단·재단의 대표자 명의로 신청할 수 있다.

⑤ 동(洞) 명의로 동민들이 법인 아닌 사단을 설립한 경우에는 그 대표자가 동 명의로 등기신청을 할 수 있다.

02 확정판결에 의한 소유권이전등기신청과 관련된 내용이다. 옳은 것은?

① 승소한 등기권리자는 등기의무자의 등기필정보를 등기소에 제공하여야 한다.

② 소유권이전등기말소청구의 소를 제기하여 승소판결을 받은 자가 그 판결에 의한 등기신청을 하지 아니하는 경우, 패소한 등기의무자가 그 판결에 기하여 직접 말소등기를 신청하거나 대위등기를 할 수 있다.

③ 소유권이전등기의 이행판결에 가집행이 붙은 경우, 판결이 확정되지 아니하여도 가집행선고에 의한 소유권이전등기를 신청할 수 있다.

④ 확정된 지 10년이 경과하여 그 소멸시효가 완성된 경우에는 그 판결에 따른 등기신청을 할 수 없다.

⑤ 공유물분할판결이 확정되면 등기의무자가 그에 따른 등기를 단독으로 신청할 수 있다.

03 다음 중 단독으로 신청할 수 있는 등기만을 열거한 것은?

① 부동산표시변경등기, 법인의 합병으로 인한 소유권이전등기, 사인증여를 원인으로 한 소유권이전등기

② 상속으로 인한 소유권이전등기, 신탁등기의 말소등기, 포괄유증으로 인한 소유권이전등기

③ 신탁등기의 말소등기, 소유권보존등기의 말소등기, 등기명의인표시변경등기

④ 소유권보존등기, 수용에 인한 소유권이전등기, 특정유증에 의한 소유권이전등기

⑤ 소유권보존등기의 말소등기, 신탁등기, 공공용지의 협의취득을 원인으로 한 소유권이전등기

04 등기권리자 또는 등기명의인이 단독으로 신청하는 등기에 관한 설명으로 틀린 것을 모두 고른 것은?

> ㄱ. 등기명의인표시변경등기는 해당 권리의 등기명의인이 단독으로 신청할 수 있다.
>
> ㄴ. 수용으로 인한 소유권이전등기를 하는 경우, 등기권리자는 그 목적물에 설정되어 있는 근저당권설정등기의 말소등기를 단독으로 신청하여야 한다.
>
> ㄷ. 이행판결에 의한 등기는 승소한 등기권리자가 단독으로 신청할 수 있다.
>
> ㄹ. 말소등기에 관한 이해관계 있는 제3자의 승낙이 있는 경우, 그 제3자 명의의 등기는 등기권리자가 단독으로 말소신청하여야 한다.
>
> ㅁ. 등기의 말소를 공동으로 신청해야 하는 경우, 등기의무자의 소재불명으로 제권판결을 받으면 등기권리자는 그 사실을 증명하여 단독으로 등기의 말소를 신청할 수 있다.

① ㄱ, ㄷ   ② ㄱ, ㄹ   ③ ㄴ, ㄹ
④ ㄴ, ㅁ   ⑤ ㄷ, ㅁ

05 매도인 甲과 매수인 乙이 매매계약을 체결한 후, 등기신청을 하지 않고 있던 중 甲이 사망하였다. 이 때 甲의 단독 상속인 丙과 乙의 소유권이전등기 신청절차에 관한 다음 설명 중 틀린 것은?

① 丙과 乙이 소유권이전등기를 공동신청하는 경우에는 등기의무자의 등기필정보를 등기소에 제공하여야 한다.
② 丙은 자신 명의의 상속등기를 마친 후 乙명의의 소유권이전등기를 공동신청하여야 한다.
③ 丙과 乙이 소유권이전등기를 공동신청하는 경우, 매매계약서를 등기소에 제공하여야 한다.
④ 丙은 가족관계증명서를 첨부정보로 등기소에 제공하여야 한다.
⑤ 乙은 丙을 상대로 이행을 명하는 판결에 의하여 소유권이전등기를 단독으로 신청할 수 있다.

06 甲소유의 부동산에 대하여 甲 → 乙 → 丙 순으로 매매계약이 이루어진 후, 채권자 丙이 채무자 乙을 대위하여 등기신청하는 경우에 관한 설명으로 옳은 것을 모두 고른 것은?

> ㄱ. 대위신청에 따른 등기를 마친 경우, 등기관은 乙에게 등기필정보를 통지하여야 한다.
>
> ㄴ. 대위신청에 따른 등기를 마친 경우, 등기관은 丙에게 등기완료통지를 하여야 한다.
>
> ㄷ. 대위등기신청에서 등기의무자는 甲이고, 등기권리자는 丙이다.
>
> ㄹ. 대위등기를 신청할 때 대위원인을 증명하는 정보를 첨부하여야 한다.

① 없음   ② 1개   ③ 2개   ④ 3개   ⑤ 4개

07 부동산등기법이 절차상 필요에 의하여 인정하고 있는 대위등기에 관한 다음 설명 중 옳은 것은?

① 甲이 그 소유 부동산을 乙에게 매도하고 사망한 경우, 甲의 단독 상속인 丙은 자신 앞으로 상속등기를 마친 후 乙명의로 소유권이전등기를 하여야 한다.

② 1동의 건물에 속하는 구분건물 중 일부만에 관하여 소유권보존등기를 신청하면서 나머지 구분건물의 표시에 관한 등기를 동시에 신청하는 경우, 구분건물의 소유자는 1동에 속하는 다른 구분건물의 소유자를 대위하여 그 건물의 소유권보존등기를 신청할 수 있다.

③ 건물이 멸실된 경우, 그 건물소유권의 등기명의인이 1개월 이내에 멸실등기 신청을 하지 않으면 그 건물대지의 소유자가 그 건물소유권의 등기명의인을 대위하여 멸실등기를 신청할 수 있다.

④ 상속인이 상속포기를 할 수 있는 기간 중에는 상속인의 채권자가 대위권을 행사하여 상속등기를 신청할 수 없다.

⑤ 신탁등기의 말소등기는 수익자나 위탁자가 수탁자를 대위하여 그 등기를 신청할 수 없다.

08 소유권이전등기의 신청정보에 관한 설명이다. 틀린 것은?

① 토지수용에 의한 소유권이전등기를 신청하는 경우에는 등기의무자의 등기필정보를 등기소에 제공하지 않아도 된다.

② 상속이나 유증을 원인으로 하는 소유권이전등기를 신청하는 경우에는 등기의무자의 등기필정보를 등기소에 제공할 필요가 없다.

③ 승소한 등기권리자가 단독으로 판결에 의한 소유권이전등기를 신청하는 경우, 등기의무자의 권리에 관한 등기필정보를 제공할 필요가 없다.

④ 등기관이 소유권의 일부에 관한 이전등기를 할 때에는 이전되는 지분을 기록하여야 하고, 그 등기원인에 분할금지약정이 있을 때에는 그 약정에 관한 사항도 기록하여야 한다.

⑤ 합유등기의 경우에는 신청정보에 합유자의 지분을 기록하여 등기소에 제공할 필요가 없다.

09 합유등기에 관한 설명이다. 틀린 것은?

① 합유등기를 하는 경우, 신청정보에 합유자의 지분비율을 기록하지 않는다.

② 민법상 조합의 소유인 부동산을 등기할 경우, 조합원 전원의 명의로 합유등기를 하여야 한다.

③ 합유자 중 1인이 다른 합유자 전원의 동의를 얻어 합유지분을 처분하는 경우, 합유명의인변경등기를 신청하여야 한다.

④ 2인의 합유자 중 1인이 사망한 경우, 잔존 합유자는 그의 단독 소유로 합유명의인변경등기를 신청할 수 있다.

⑤ 부동산의 합유지분에 대한 가압류등기는 할 수 있다.

10 등기신청시 등기소에 제공하여야 할 신청정보 및 첨부정보에 관한 설명이다. 옳은 것은?

①	매매에 의한 소유권이전등기	등기의무자의 등기필정보 매매계약서 매도인과 매수인의 주소증명정보
②	상속에 의한 소유권이전등기	등기의무자의 등기필정보 상속재산분할협의서 및 상속인 전원의 인감증명 가족관계증명서, 기본증명서
③	1필지 전부에 대한 전세권설정등기	전세권설정계약서 도면
④	소유권보존등기	대장정보 주소증명정보 토지거래허가정보 농지취득자격증명정보
⑤	소유권이전청구권가등기	토지거래허가정보 농지취득자격증명정보

11 전산정보처리조직에 의한 등기절차에 관한 설명 중 옳은 것은?

① 법인 아닌 사단이나 재단의 대표자나 관리인은 대리인에게 위임하지 않고 그 사단이나 재단 명의로 직접 전자신청을 할 수 있다.

② 사용자등록의 유효기간은 3년이며, 유효기간 만료일 6개월 전부터 만료일까지 그 유효기간의 연장을 신청할 수 있다.

③ 자연인은 모두 전자신청을 할 수 있으므로, 외국인도 아무런 제한 없이 전자신청을 할 수 있다.

④ 전자표준양식에 의한 등기신청의 경우, 자격자대리인이 아닌 자는 타인을 대리하여 등기를 신청할 수 없다.

⑤ 전자신청의 대리는 자격자대리인만이 할 수 있으므로, 자격자대리인이 아닌 경우에는 자기 사건이라 하더라도 상대방을 대리하여 전자신청을 할 수 없다.

12 등기를 마친 경우 등기필정보를 작성하여 통지하여야 하는 등기는 모두 몇 개인가?

> ㄱ. 등기관의 직권에 의한 소유권보존등기
>
> ㄴ. 매도인과 매수인이 공동신청한 소유권이전등기
>
> ㄷ. 채권자대위에 의한 소유권이전등기
>
> ㄹ. 승소한 등기의무자가 신청한 소유권이전등기
>
> ㅁ. 매매계약 해제로 인한 소유권의 말소등기
>
> ㅂ. 관공서의 촉탁등기

① 1개   ② 2개   ③ 3개   ④ 4개   ⑤ 5개

13 등기필정보의 작성 및 통지에 관한 다음 설명 중 틀린 것은?

① 등기필정보의 통지를 원하지 않거나 3개월 이내에 인터넷등기소에서 전송받지 않거나 수령하지 않는 경우에는 등기필정보를 통지하지 않는다.

② 권리자를 추가하는 변경등기를 마친 경우에는 등기필정보를 작성하여 통지하여야 한다.

③ 등기관이 법원의 촉탁에 따라 가압류등기를 하기 위해 직권으로 소유권보존등기를 한 경우, 소유자에게 등기필정보를 통지하지 않는다.

④ 법정대리인이 등기를 신청하여 본인이 새로운 권리자가 된 경우, 등기필정보는 특별한 사정이 없는 한 본인에게 통지하여야 한다.

⑤ 관공서가 등기권리자를 위하여 소유권이전등기를 촉탁한 경우에는 등기필정보통지서를 관공서에 직접 송달할 수 있으며, 이 경우 관공서는 밀봉된 등기필정보통지서를 뜯지 않은 채 그대로 등기권리자에게 교부한다.

14 등기관의 처분에 대한 이의절차에 관한 설명으로 틀린 것은?

① 등기관의 처분에 대한 이의에는 집행정지의 효력이 없지만, 등기관의 처분 또는 결정이 있었던 날부터 60일 이내에 이의신청을 하여야 한다.

② 등기관의 결정 또는 처분이 부당하여 이의신청을 하는 경우에는 등기신청서의 제출시를 기준으로 그 때까지 주장하거나 제출되지 아니한 사실이나 증거방법으로써 이의사유를 삼을 수 없다.

③ 관할 지방법원은 이의신청에 대하여 결정하기 전에 등기관에게 이의가 있다는 뜻의 부기등기를 명령할 수 있다.

④ 이의신청에 대하여 등기관이 이의가 이유없다고 인정한 경우에는 이의신청일로부터 3일 이내에 의견을 붙여 이의신청서를 관할 지방법원에 보내야 한다.

⑤ 등기신청의 각하결정에 대하여는 등기신청인인 등기권리자 및 등기의무자에 한하여 이의신청을 할 수 있고, 이해관계 있는 제3자는 이의신청을 할 수 없다.

15 미등기 부동산에 대하여 직권에 의한 소유권보존등기를 할 수 있는 경우에 해당하는 것은 모두 몇 개인가?

> • 압류등기의 촉탁
> • 가압류등기의 촉탁
> • 처분금지가처분등기의 촉탁
> • 경매개시결정등기의 촉탁
> • 가등기가처분등기의 촉탁
> • 임차권등기명령에 따른 주택임차권등기의 촉탁

① 1개
② 2개
③ 3개
④ 4개
⑤ 5개

16 다음 중 소유권보존등기를 신청할 수 없는 자는?

① 건축물대장이 생성된 건물에 대하여 특별자치도지사, 시장, 군수 또는 구청장(자치구의 구청장)을 상대로 소유권확인판결을 받은 자

② 토지대장의 최초 소유자를 특정할 수 없어 국가를 상대로 자기의 소유권을 증명하는 확정판결을 받은 자

③ 지적공부상 국가로부터 소유권을 이전받은 것으로 등록되어 있는 자

④ 대장에 최초의 소유자로 등록된 자로부터 특정유증을 받은 자

⑤ 대장에 최초의 소유자로 등록된 자로부터 포괄유증을 받은 자

17 소유권보존등기와 관련한 다음 설명 중 옳은 것은?

① 토지대장의 최초 소유자인 甲의 미등기 토지가 상속된 경우, 甲명의로 먼저 소유권보존등기를 한 후 상속인명의로 소유권이전등기를 하여야 한다.

② 판결에 의하여 자기의 소유권을 증명하여 소유권보존등기를 신청할 경우, 소유권을 증명할 수 있는 판결은 소유권 확인판결에 한한다.

③ 미등기 건물에 대한 소유권을 군수의 확인에 의해 증명한 자는 자기 명의로 소유권보존등기를 신청할 수 있다.

④ 지적공부에 최초의 소유자로 등록된 국가로부터 소유권이전등록을 받은 자는 국가 명의의 소유권보존등기를 마친 후 소유권이전등기를 하여야 한다.

⑤ 소유권보존등기를 신청할 때에는 등기의무자의 등기필정보를 등기소에 제공하여야 한다.

18 소유권보존등기에 관한 다음 설명 중 옳은 것은?

① 소유권보존등기를 신청할 때에는 신청인의 주소증명정보를 등기소에 제공할 필요가 없다.

② 소유권보존등기의 신청정보에는 등기원인과 그 연월일을 기록하여야 한다.

③ 규약에 따라 공용부분으로 등기된 후 그 규약이 폐지된 경우, 그 공용부분 취득자는 소유권이전등기를 신청하여야 한다.

④ 규약상 공용부분을 처분하면서 규약을 폐지한 경우 공용부분 취득자는 규약의 폐지를 증명하는 정보를 첨부하여 공용부분이라는 뜻의 등기의 말소등기를 신청하여야 한다.

⑤ 미등기부동산에 대하여 소유권보존등기를 신청할 수 있는데도 이를 하지 아니한 채 매매계약을 체결한 경우에는, 그 계약을 체결한 날로부터 60일 이내에 소유권보존등기를 신청하여야 한다.

19 토지수용을 등기원인으로 한 소유권이전등기에 관하여 설명한 것이다. 다음 중 그 내용이 옳은 것은?

① 수용에 의한 소유권이전등기를 할 경우, 수용개시일 이전에 마쳐진 소유권이전등기는 등기관이 직권으로 말소여야 한다.

② 수용에 의한 소유권이전등기를 할 경우, 그 부동산을 위하여 존재하는 지역권의 등기와 토지수용위원회의 재결로 그 존속이 인정된 권리는 등기관이 직권으로 말소할 수 없다.

③ 수용으로 인한 소유권이전등기신청서에는 등기원인을 토지수용으로, 그 연월일은 수용재결일로 기록하여야 한다.

④ 수용재결의 실효를 원인으로 하는 소유권이전등기의 말소등기는 사업시행자가 단독으로 신청하여야 한다.

⑤ 수용으로 인한 등기를 신청하는 경우에는 농지취득자격증명을 등기소에 제공하여야 한다.

20 신탁등기에 관한 설명으로 옳은 것은?

① 등기관이 수탁자의 고유재산으로 된 뜻의 등기와 함께 신탁등기의 말소등기를 할 경우, 별개의 순위번호를 사용하여야 한다.

② 수익자가 수탁자를 대위하여 신탁등기를 신청할 경우, 해당 부동산에 대한 권리의 설정등기와 동시에 신청하여야 한다.

③ 신탁등기는 해당 신탁으로 인한 권리의 이전 또는 보존이나 설정등기와 함께 1건의 신청정보로 일괄하여 신청하여야 한다.

④ 수탁자가 여러 명인 경우 등기관은 신탁재산이 공유인 뜻을 등기부에 기록하여야 한다.

⑤ 신탁종료로 신탁재산에 속한 권리가 이전된 경우, 위탁자와 수탁자는 공동으로 신탁등기의 말소등기를 신청할 수 있다.

21 유증으로 인한 소유권이전등기 신청절차에 관한 설명으로 옳은 것은?

① 유증에 기한이 붙은 경우에도 등기원인일자는 유증자의 사망일을 기록하여야 한다.

② 유증으로 인한 소유권이전등기는 상속등기를 거쳐 수증자 명의로 이전등기를 신청하여야 한다.

③ 상속등기가 이미 마쳐진 경우에는 그 상속등기를 말소하고 유증자로부터 수증자 명의로 유증을 원인으로 한 소유권이전등기를 신청하여야 한다.

④ 미등기 부동산이 특정유증된 경우, 유언집행자는 상속인 명의의 소유권보존등기를 거쳐 유증으로 인한 소유권이전등기를 신청하여야 한다.

⑤ 유증으로 인한 소유권이전등기청구권보전의 가등기는 유언자가 생존 중인 경우에는 신청할 수 있지만, 유언자가 사망한 경우에는 신청할 수 없다.

22 소유권이전등기신청에 관한 설명 중 틀린 것은?

① 협의분할에 의한 상속등기를 신청하는 경우에 상속을 증명하는 서면을 첨부하여야 하지만, 등기의무자의 등기필정보는 제공할 필요가 없다.

② 상속등기를 신청하면서 상속재산분할협의서가 공정증서인 경우에는, 상속인 전원의 인감증명을 등기소에 제공하지 않아도 된다.

③ 사인증여를 원인으로 하는 소유권이전등기신청은 등기의무자인 상속인 또는 유언집행자와 등기권리자인 수증자가 공동으로 신청하여야 하며, 유언집행자가 여러 명인 경우에는 그 과반수 이상으로 등기신청을 할 수 있다.

④ 진정명의회복을 원인으로 하는 소유권이전등기를 신청하는 경우 신청정보에는 판결의 확정일을 등기원인일자로 기록하여야 한다.

⑤ 진정명의회복을 원인으로 하는 소유권이전등기를 신청할 때에는 농지취득자격증명 또는 부동산거래신고 등에 관한 법률에 의한 토지거래계약허가증 등을 모두 제출할 필요가 없다.

박문각 공인중개사

23 甲과 乙은 甲소유 A건물 전부에 대해 전세금 5억 원, 기간 2년으로 하는 전세권설정계약을 체결하고 공동으로 전세권설정등기를 신청하였다. 이에 관한 설명으로 틀린 것은?

① 등기관은 전세금과 설정범위를 기록하여야 한다.

② 등기관은 존속기간을 기록하여야 한다.

③ 전세권설정등기가 된 후에 건물전세권의 존속기간이 만료되어 법정갱신이 된 경우, 그 전세권에 대한 저당권설정등기를 하기 위해서는 존속기간 연장을 위한 변경등기를 하여야 한다.

④ A건물의 전세권의 존속기간이 만료된 후, 乙과 丙은 전세금반환채권의 일부 양도를 원인으로 한 전세권 일부이전등기를 신청할 수 있다.

⑤ 전세권설정등기가 된 후에 乙과 丙이 A건물의 전부에 대한 전전세계약에 따라 전전세등기를 신청하는 경우, 그 부분을 표시한 건물도면을 첨부정보로 등기소에 제공하여야 한다.

24 용익권에 관한 등기에 대한 설명으로 틀린 것은?

① 지역권설정등기는 승역지를 관할하는 등기소에 신청하여야 하고, 요역지에 관한 등기는 등기관이 직권으로 하여야 한다.

② 등기원인에 위약금약정이 있는 경우, 등기관은 전세권설정등기를 할 때 이를 기록하여야 한다.

③ 임대차의 차임지급시기에 관한 약정이 있는 경우, 임차권 등기에 이를 기록하지 않으면 그 등기는 무효이다.

④ 공유부동산에 전세권을 설정할 경우, 그 등기기록에 기록된 공유자 전원을 등기의무자로 하여야 한다.

⑤ 전세금반환채권의 일부 양도를 원인으로 하는 전세권 일부이전등기의 신청은 전세권 소멸의 증명이 없는 한, 전세권 존속기간 만료 전에는 할 수 없다.

25 저당권의 등기절차에 관한 설명으로 옳은 것은?

① 채권자가 여러 명인 경우, 채권 최고액은 채권자별로 구분하여 기록하여야 한다.

② 저당권의 이전등기를 신청하는 경우, 저당권이 채권과 같이 이전한다는 뜻을 신청정보의 내용으로 등기소에 제공하여야 한다.

③ 공동저당 부동산 중 일부의 매각대금을 먼저 배당하여 경매부동산의 후순위 저당권자가 대위등기를 할 경우, 매각대금은 기록하여야 하지만, 선순위 저당권자가 변제받은 금액은 기록할 필요가 없다.

④ 일정한 금액을 목적으로 하지 않는 채권을 담보하기 위한 저당권설정등기의 경우, 그 채권의 평가액은 기록할 필요가 없다.

⑤ 2개 이상의 부동산이 공동담보의 목적물로 제공되는 경우, 등기관은 공동담보목록을 작성하여야 한다.

파이널 패스 100선 **107**

26 변경등기에 관한 다음 설명 중 옳은 것은?

① 법인 아닌 사단이 법인으로 된 경우에는 등기명의인의 표시를 법인으로 변경하는 등기를 신청할 수 있다.

② 甲과 乙이 매매를 원인으로 하는 소유권이전등기를 공동신청하는 경우 첨부정보에 의하여 등기의무자의 주소변경사실이 명백한 때에는 등기명의인의 표시변경등기도 동시에 신청하여야 한다.

③ 토지의 분할, 합병으로 인한 부동산변경등기는 그 토지 소유권의 등기명의인이 그 사유가 발생한 날부터 60일 이내에 그 등기를 신청하여야 한다.

④ 건물의 구조가 변경된 경우에는 변경등기를 신청하기 전에 먼저 건축물대장의 기록사항을 변경하여야 한다.

⑤ 건물의 면적이 변경된 경우에는 부기등기로 변경등기를 하여야 한다.

27 경정등기에 관한 설명으로 틀린 것은?

① 경정등기는 등기완료 후 등기사항의 일부에 관하여 불일치(착오 또는 빠진 사항)가 발생한 경우 이를 시정하기 위하여 하는 등기이다.

② 등기관이 직권으로 경정등기를 한 경우에는 지체 없이 등기권리자와 등기의무자에게 통지하여야 한다.

③ 등기관이 직권으로 경정등기를 한 경우 등기권리자, 등기의무자가 각 2인 이상인 때에는 그 전원에게 통지하여야 한다.

④ 권리자가 甲인데도 불구하고 당사자의 신청착오로 乙명의로 등기된 경우, 그 불일치는 경정할 수 있다.

⑤ 전세권설정등기를 하기로 합의하였으나 당사자의 신청착오로 임차권으로 등기된 경우, 경정등기로 그 불일치를 시정할 수 있다.

28 등기에 관한 이해관계 있는 제3자의 첨부정보에 관한 설명으로 틀린 것은?

① 甲 소유 부동산에 대하여 乙 명의의 전세권등기를 말소하라는 판결을 받았다고 하더라도 그 판결에 의하여 전세권말소등기를 신청할 때에는 丙의 승낙서 또는 丙에게 대항할 수 있는 재판의 등본을 첨부해야 한다.

② 말소등기를 신청하는 경우, 그 말소에 대하여 등기상 이해관계 있는 제3자가 있으면 그 제3자의 승낙이 필요하다.

③ 말소된 등기의 회복을 신청하는 경우, 등기상 이해관계 있는 제3자가 있을 때에는 그 제3자의 승낙정보를 등기소에 제공하여야 한다.

④ 권리의 변경등기를 할 때 등기상 이해관계 있는 제3자가 있으면, 그 제3자의 승낙을 얻어야 한다.

⑤ 저당권의 목적이 된 소유권의 말소등기를 신청하는 경우에는 이해관계 있는 제3자인 저당권자의 승낙을 얻어야 한다.

29 주등기 방식에 의하는 것은 모두 몇 개인가?

ㄱ. 공유물불분할특약, 환매특약, 권리소멸에 관한 약정의 등기

ㄴ. 주소이전으로 인한 등기명의인표시변경등기

ㄷ. 지상권(전세권)을 목적으로 하는 저당권설정등기

ㄹ. 가등기상의 권리의 이전등기

ㅁ. 존속기간의 만료에 따른 전세권말소등기

ㅂ. 근저당권이전등기

ㅅ. 부동산표시변경등기(건물의 증축, 일부멸실, 분필, 합필등기)

ㅇ. 이해관계 있는 제3자의 승낙이 없는 권리의 변경등기

ㅈ. 전세권의 전부말소회복등기

ㅊ. 임차권을 목적으로 하는 처분금지가처분등기

① 1개　　② 2개　　③ 3개　　④ 4개　　⑤ 5개

30 등기상 이해관계 있는 제3자가 있는 경우에 그 제3자의 승낙이 없으면 주등기로 하여야 하는 것은?

① 환매특약등기

② 지상권의 이전등기

③ 등기명의인표시의 변경등기

④ 지상권을 목적으로 한 근저당권의 이전등기

⑤ 채권최고액을 증액하는 근저당권변경등기

31 가등기에 대한 다음 설명 중 틀린 것은?

① 가등기권리자는 가등기의무자의 승낙정보를 첨부하여 단독으로 신청할 수 있다.

② 가등기명의인 甲이 가등기상의 권리를 乙에게 양도하는 경우에는 부기등기로 하여야 한다.

③ 임차권설정등기청구권보전의 가등기에 의한 본등기를 마친 경우, 등기관은 가등기 후 본등기 전에 가등기와 동일한 부분에 마쳐진 용익권등기는 등기관이 직권으로 말소할 수 없다.

④ 소유권이전등기청구권보전의 가등기에 의하여 소유권이진의 본등기를 한 경우, 가등기 후 본등기 전에 마쳐진 해당 가등기상 권리를 목적으로 하는 가압류등기는 등기관이 직권으로 말소할 수 없다.

⑤ 저당권설정등기청구권보전의 가등기에 의한 본등기를 한 경우, 등기관은 가등기 후 본등기 전에 마친 제3자 명의의 용익권등기를 직권말소할 수 없다.

32 가등기에 관한 설명으로 옳은 것은?

① 가등기를 명하는 법원의 가처분명령이 있을 때에는 법원의 촉탁으로 가등기를 하여야 된다.

② 소유권이전등기청구권보전의 가등기에 의하여 소유권이전의 본등기를 한 경우, 가등기 후 본등기 전에 마쳐진 해당 가등기상 권리를 목적으로 하는 처분금지가처분등기는 등기관이 직권으로 말소한다.

③ 가등기에 의하여 보전하려는 청구권이 장래에 확정될 것인 경우에는 가등기를 할 수 없다.

④ 가등기에 관한 이해관계 있는 제3자는 가등기명의인의 승낙을 받아 가등기의 말소를 단독으로 신청할 수 있다.

⑤ 지상권설정등기청구권보전의 가등기에 의하여 지상권설정의 본등기를 한 경우, 가등기 후 본등기 전에 마쳐진 저당권설정등기는 등기관이 직권으로 말소한다.

33 가등기에 의한 본등기에 관한 다음 설명 중 틀린 것은?

① 가등기를 마친 후 가등기권자가 사망한 경우, 가등기권자의 상속인은 상속등기를 생략하고 상속인 명의의 본등기를 가등기의무자와 공동으로 신청할 수 있다.

② 저당권설정등기청구권보전가등기에 의하여 저당권설정의 본등기를 한 경우, 등기관은 가등기 후 본등기 전에 마친 제3자 명의의 용익권등기를 직권말소할 수 없다.

③ 하나의 가등기에 관하여 여러 사람의 가등기권자가 있는 경우에는, 그 중 일부의 가등기권자가 자기의 가등기 지분에 관하여 본등기를 신청할 수 있다.

④ 甲이 乙소유 토지에 대한 소유권이전청구권을 보전하기 위하여 가등기를 한 후 乙이 그 토지를 丙에게 양도한 경우, 甲의 본등기 청구의 상대방은 丙이다.

⑤ 소유권이전청구권가등기의 명의인이 소재불명이 된 경우 현 소유자는 부동산등기법 제56조에 따라 공시최고신청을 하여 제권판결을 받아 단독으로 그 가등기의 말소등기를 신청할 수 있다.

34 다음 중 등기가 가능한 것은 모두 몇 개인가?

> ㄱ. 甲소유 부동산에 대하여 채권자 乙이 신청한 가압류 또는 처분금지가처분등기
>
> ㄴ. 공유지분에 관한 전세권설정등기
>
> ㄷ. 건물의 일부에 대한 저당권설정등기
>
> ㄹ. 1필지 일부에 대한 전세권설정등기
>
> ㅁ. 부동산의 합유지분에 대한 처분금지가처분등기
>
> ㅂ. 전세권에 대한 가압류등기

① 1개　　　　② 2개　　　　③ 3개　　　　④ 4개　　　　⑤ 5개

35 등기신청의 각하 사유가 아닌 것은?

① 여러 명의 가등기권리자 중 1인이 자기의 지분 만에 관하여 본등기를 신청한 경우

② 구분건물의 전유부분과 대지사용권의 분리처분 금지에 위반한 등기를 신청한 경우

③ 저당권을 피담보채권과 분리하여 양도하거나, 피담보채권과 분리하여 다른 채권의 담보로 하는 등기를 신청한 경우

④ 이미 보존등기된 부동산에 대하여 다시 보존등기를 신청한 경우

⑤ 법령에 근거가 없는 특약사항의 등기를 신청한 경우

36 등기관이 직권말소할 수 있는 것을 모두 고르면 몇 개인가?

> ㄱ. 공용부분 취득자 甲명의의 소유권보존등기를 하는 경우 '공용부분이라는 뜻의 등기'의 말소등기
>
> ㄴ. 형사재판에서 원인무효임이 판명된 소유권이전등기의 말소등기
>
> ㄷ. 말소등기에 관한 이해관계 있는 제3자의 승낙이 있는 경우, 그 제3자 명의의 등기의 말소등기
>
> ㄹ. 취득세 또는 등록면허세가 납부되지 아니한 소유권이전등기의 말소등기
>
> ㅁ. 무권대리인에 의하여 마쳐진 소유권이전등기의 말소등기

① 1개   ② 2개   ③ 3개   ④ 4개   ⑤ 5개

37 가압류·가처분 등기에 관한 설명으로 옳은 것은?

① 소유권에 대한 가압류등기는 부기등기로 한다.

② 처분금지가처분등기가 되어 있는 토지에 대하여는 소유권이전등기를 신청할 수 없다.

③ 가압류등기의 말소등기는 등기권리자와 등기의무자가 공동으로 신청하여야 한다.

④ 부동산에 대한 처분금지가처분등기의 경우, 금전채권을 피보전권리로 기재한다.

⑤ 부동산의 공유지분에 대해서도 가압류등기가 가능하다.

38 소유권이전등기청구권을 피보전권리로 하는 가처분권자 甲이 승소판결에 의하여 소유권이전등기를 단독으로 신청하는 경우, 당해 가처분등기의 말소절차에 대한 설명으로 옳은 것은?

① 甲이 가처분의무자와 공동으로 가처분등기말소신청을 하여야 한다.

② 甲이 단독으로 소유권이전등기와 동시에 가처분등기말소를 신청할 수 있다.

③ 소유권이전등기가 마쳐지면 가처분의 목적이 달성되었으므로 甲의 말소신청여부에 관계 없이 등기관은 직권으로 가처분등기를 말소하여야 한다.

④ 甲이 소유권이전등기를 마쳤다고 하더라도 당해 가처분등기는 집행법원의 말소촉탁에 의하여 말소하여야 한다.

⑤ 당해 가처분등기라도 가처분취소판결이 확정되어야 말소할 수 있다.

39 다음 중 연결이 틀린 것은?

①	대지권의 목적인 토지의 표시 (소재, 지번, 지목, 면적)	건물 등기기록	1동건물의 표제부	신청
②	대지권의 표시(종류, 비율)	건물 등기기록	전유부분의 표제부	신청
③	소유권 또는 전세권 등이 대지권이라는 뜻의 등기	토지 등기기록	해당구	직권
④	공용부분이라는 뜻의 말소등기	건물 등기기록	전유부분의 표제부	직권
⑤	토지등기기록에 별도등기가 있다는 뜻의 등기	건물 등기기록	1동건물의 표제부	직권

40 구분건물에 관한 설명 중 틀린 것은?

① 집합건물의 등기기록에 대지권의 등기를 한 경우 등기관은 그 권리의 목적인 토지의 등기기록 중 해당 구에 대지권이라는 뜻을 직권으로 등기하여야 한다.

② 구분건물 등기기록의 경우 1동의 건물에는 표제부만 두고 전유부분에는 갑구와 을구만 둔다.

③ 소유권이 대지권이라는 뜻이 등기된 토지에 대해서는 그 토지만에 관한 저당권을 설정할 수 없다.

④ 상가건물도 일정한 요건을 갖춘 경우에는 구분소유의 목적으로 할 수 있다.

⑤ 규약상 공용부분을 등기하는 경우에는 갑구와 을구는 두지 않고 표제부만 둔다.

02 복습문제

공간정보의 구축 및 관리등에 관한 법령

01 토지의 조사·등록에 관한 설명으로 옳은 것은?

① 지적소관청은 모든 토지에 대하여 필지별로 소재·지번·지목·면적·경계 또는 좌표 등을 조사, 측량하여 지적공부에 등록하여야 한다.

② 지적공부에 등록하는 지번·지목·면적·경계 또는 좌표는 토지의 이동이 있을 때 토지소유자의 신청을 받아 국토교통부장관이 결정한다. 다만, 신청이 없으면 국토교통부장관이 직권으로 조사, 측량하여 결정할 수 있다.

③ 지적소관청은 토지의 이동현황을 직권으로 조사·측량하여 토지의 지번·지목·면적·경계 또는 좌표를 결정하려는 때에는 토지이동기본계획을 수립하여야 한다.

④ 토지이동현황조사계획은 시·도별로 수립하되, 부득이한 사유가 있는 때에는 시·군·구별로 수립할 수 있다.

⑤ 지적소관청은 토지이동현황조사 결과에 따라 토지의 지번·지목·면적·경계 또는 좌표를 결정한 때에는 이에 따라 지적공부를 정리하여야 한다.

02 공간정보의 구축 및 관리 등에 관한 법령상 지번의 구성 및 부여방법에 관한 설명으로 옳은 것은?

① 지번은 북동에서 남서로 순차적으로 부여하여야 한다.

② 지적소관청은 지번을 변경할 필요가 있다고 인정하면 국토교통부장관의 승인을 받아 지번을 새로 부여할 수 있다.

③ 축척변경지역의 필지에 지번을 부여할 때에는 그 지번부여지역에서 인접토지의 본번에 부번을 붙여서 지번을 부여하여야 한다.

④ 신규등록 대상토지가 그 지번부여지역의 최종 지번의 토지에 인접하여 있는 경우에는 그 지번부여지역의 최종 본번의 다음 순번부터 본번으로 하여 순차적으로 지번을 부여할 수 있다.

⑤ 합병 대상 지번 중 선 순위의 지번을 그 지번으로 하되, 본번으로 된 지번이 있을 때에는 본번 중 최종 순위의 지번을 합병 후의 지번으로 한다.

03 공간정보의 구축 및 관리 등에 관한 법령상 지번의 부여방법 등에 관한 설명으로 틀린 것은?

① 도시개발사업 등이 준공되기 전에 사업시행자가 지번부여 신청을 하면 사업계획도에 따라 지번을 부여할 수 있다.

② 분할의 경우에는 분할 후의 필지 중 1필지의 지번은 분할 전의 지번으로 하고, 나머지 필지의 지번은 최종 본번 다음 순번의 본번을 순차적으로 부여하여야 한다.

③ 지적확정측량실시지역에서 부여할 수 있는 종전 지번의 수가 새로 부여할 지번의 수보다 적을 때에는 지번부여지역의 최종 본번 다음 순번부터 본번으로 하여 차례로 지번을 부여할 수 있다.

④ 합병의 경우로서 토지소유자가 합병 전의 필지에 주거·사무실 등의 건축물이 있어서 그 건축물이 위치한 지번을 합병 후의 지번으로 신청할 때에는 그 지번을 합병 후의 지번으로 부여하여야 한다.

⑤ 등록전환 대상토지가 이미 등록된 토지와 멀리 떨어져 있는 경우 그 지번부여지역의 최종 본번의 다음 순번부터 본번으로 하여 순차적으로 지번을 부여할 수 있다.

04 공간정보의 구축 및 관리 등에 관한 법령상 지번부여방법이 다른 하나는?

① 임야대장에 등록된 토지를 토지대장으로 옮겨 등록하는 경우

② 도시개발사업 등이 완료됨에 따라 지적확정측량을 실시한 지역안의 각 필지에 지번을 새로이 부여하는 경우

③ 축척변경시행지역 안의 필지에 새로이 지번을 부여하는 경우

④ 지적소관청이 지번부여지역 안의 일부 또는 전부의 지번을 변경하는 경우

⑤ 행정구역의 개편 등으로 지번을 새로이 정하는 경우

05 공간정보의 구축 및 관리 등에 관한 법령상 지목이 "대"인 것은 모두 몇 개인가?

> ㄱ. 국토의 계획 및 이용에 관한 법률 규정에 따라 택지조성공사가 준공된 토지
>
> ㄴ. 고속도로의 휴게소 부지
>
> ㄷ. 과수원 안에 있는 주거용 건축물의 부지
>
> ㄹ. 목장용지 안에 있는 주거용 건축물의 부지
>
> ㅁ. 공장용지 안에 위치한 사무실 부지
>
> ㅂ. 묘지의 관리를 위한 건축물의 부지

① 1개   ② 2개   ③ 3개   ④ 4개   ⑤ 5개

06 공간정보 구축 및 관리 등에 관한 법령상 지목에 대한 설명 중 옳은 것은?

① 수림지, 죽림지 및 암석지, 자갈땅, 모래땅, 습지, 황무지 등은 '잡종지'로 한다.

② 변전소·송신소·수신소·송유시설 등의 부지는 '주유소용지'로 한다.

③ 학교용지·공원·종교용지 등 다른 지목으로 된 토지 안에 있는 유적·고적·기념물 등을 보호하기 위하여 구획된 토지는 '사적지'로 한다.

④ 골프연습장·실내수영장 및 체육도장, 유수(流水)를 이용한 요트장 및 카누장 등의 부지는 '체육용지'로 한다.

⑤ 위락, 휴양 등에 적합한 시설물을 종합적으로 갖춘 야영장의 부지는 '잡종지'로 한다.

07 공간정보의 구축 및 관리 등에 관한 법령상 지목에 대한 설명 중 옳은 것은?

① 골프연습장·실내수영장 및 체육도장, 유수를 이용한 요트장 및 카누장 등의 토지는 '체육용지'로 한다.

② 2필지 이상에 진입하는 통로와 아파트·공장 등 단일용도의 일정한 단지 안에 설치된 통로의 지목은 '도로'로 하여야 한다.

③ 노상주차장, 부설주차장, 물류장, 야외 전시장의 지목은 '주차장'으로 한다.

④ 여객자동차터미널 등 자동차와 관련된 독립적인 시설물을 갖춘 부지 및 공항시설 및 항만시설 부지는 '주차장'으로 지목을 설정한다.

⑤ 석유, 석유제품 등의 판매를 위한 시설물의 부지, 저유소 및 원유 저장소의 부지는 '주요소용지'로 한다.

08 공간정보의 구축 및 관리 등에 관한 법령상 지목의 구분으로 옳은 것은?

① 축산업 및 낙농업을 하기 위하여 초지를 조성한 토지와 그 토지에 설치된 주거용 건축물의 부지의 지목은 '목장용지'로 한다.

② 물건 등을 보관하거나 저장하기 위하여 독립적으로 설치된 보관시설물의 부지와 이에 접속된 부속시설물의 부지의 지목은 '대'로 한다.

③ 제조업을 하고 있는 공장시설물의 부지와 같은 구역에 있는 의료시설 등 부속시설물의 부지의 지목은 '공장용지'로 한다.

④ 물을 상시적으로 직접 이용하여 벼·연(蓮)·미나리·왕골 등의 식물을 주로 재배하는 토지의 지목은 '유지'로 한다.

⑤ 용수(用水) 또는 배수(排水)를 위하여 일정한 형태를 갖춘 인공적인 수로·둑 및 그 부속 시설물의 부지의 지목은 '제방'으로 한다.

09 분할에 따른 지상경계 결정시 지상건축물을 걸리게 결정 할 수 없는 것은?

① 법원의 확정판결이 있는 경우

② 도시개발사업 등의 사업시행자가 사업지구의 경계를 결정하기 위하여 분할하고자 하는 경우

③ 토지이용상 불합리한 지상경계를 시정하기 위하여 분할하는 경우

④ 공공사업으로 인하여 학교용지·도로·철도용지·제방·하천·구거·유지·수도용지 등의 지목으로 되는 토지를 분할하는 경우

⑤ 「국토의 계획 및 이용에 관한 법률」의 규정에 의한 도시계획결정고시와 지형도면고시가 된 지역의 도시·군 관리계획선에 따라 토지를 분할하는 경우

10 공간정보의 구축 및 관리 등에 관한 법령상 지상 경계의 위치표시 및 결정 등에 관한 설명으로 옳은 것은?

① 지적소관청은 토지의 이동에 따라 지상 경계를 새로 정한 경우에는 경계점좌표등록부를 작성·관리하여야 한다.

② 공유수면매립지의 토지 중 제방을 토지에 편입하여 등록하는 경우에는 안쪽 어깨부분을 경계로 한다.

③ 토지의 지상 경계는 둑, 담장이나 그 밖에 구획의 목표가 될 만한 구조물 및 경계점표지 등으로 구분한다.

④ 도로·구거 등의 토지에 절토(땅깎기)된 부분이 있는 경우에는 그 경사면의 하단부를 경계로 한다.

⑤ 도시개발사업 등의 사업시행자가 사업지구의 경계를 결정하기 위하여 토지를 분할하는 경우, 지상 건축물을 걸리게 하여 지상 경계를 결정해서는 아니 된다.

11 공간정보의 구축 및 관리 등에 관한 법령상 지상경계점등록부의 등록사항에 해당하는 것을 모두 고르면 몇 개인가?

> ㄱ. 토지의 고유번호
>
> ㄴ. 경계점 표지의 종류 및 경계점 위치
>
> ㄷ. 경계점 위치 설명도와 경계점의 사진 파일
>
> ㄹ. 토지소유자와 인접 토지 소유자의 서명·날인
>
> ㅁ. 공부상 지목과 실제 토지이용 지목

① 1개   ② 2개   ③ 3개   ④ 4개   ⑤ 5개

12 경계점좌표등록부에 등록하는 지역에서 1필지의 면적측정을 위해 계산한 값이 1,090.45m²인 경우 토지대장에 등록할 면적으로 옳은 것은?

① 1090m²   ② 1090.4m²

③ 1090.45m²   ④ 1090.5m²

⑤ 1091m²

13 경위의측량방법에 의하여 지적확정측량을 시행하는 지역에서 1필지의 면적을 산출한 결과 1988.453m²인 경우 지적공부에 등록할 면적으로 옳은 것은?

① 1988m²   ② 1988.4m²

③ 1988.45m²   ④ 1988.5m²

⑤ 1988.46m²

14 공간정보의 구축 및 관리 등에 관한 법령상 지적공부에 등록하는 면적에 관한 설명으로 옳은 것은?

① 지적도의 축척이 600분의 1인 지역의 1필지 면적이 1제곱미터 미만일 때에는 1제곱미터로 한다.

② 지적도의 축척이 1200분의 1인 지역의 1필지 면적이 0.1제곱미터 미만일 때에는 0.1제곱미터로 한다.

③ 신규등록·등록전환을 하는 때에는 새로이 측량하여 각 필지의 면적을 정한다.

④ 합병에 따른 경계·좌표 또는 면적은 지적측량을 하여 결정한다.

⑤ 경위의측량방법으로 세부측량을 한 지역의 필지별 면적측정은 전자면적측정기에 의한다.

15 공간정보의 구축 및 관리 등에 관한 법령상 지적도의 축척에 해당하는 것을 모두 고르면 몇 개인가?

ㄱ. 1/500	ㄴ. 1/600	ㄴ. 1/2000
ㄷ. 1/2400	ㄹ. 1/3000	ㅁ. 1/6000

① 1개

② 2개

③ 3개

④ 4개

⑤ 5개

16 공인중개사 A가 토지매매를 중개하면서 매수인 B에게 설명한 지적(地籍)에 관한 다음 내용 중 옳은 것은?

① 지적도에 표기된 '590 주'는 지번이 590이고, 지목은 '주차장'이라고 설명하였다.

② 토지대장을 확인하여 인접 토지의 '경계'를 설명하였다.

③ 토지대장을 확인하여 토지의 '소유권 및 제한물권'을 설명하였다.

④ 지적도를 확인하여 토지의 '면적'을 설명하였다.

⑤ 경계점좌표등록부를 확인하여 '소재와 지번'을 설명하였다.

17 공간정보의 구축 및 관리 등에 관한 법령상 공유지연명부와 대지권등록부의 공통 등록 사항을 모두 고른 것은?

> ㄱ. 토지의 고유번호
>
> ㄴ. 건물 명칭, 전유부분의 표시, 대지권의 비율
>
> ㄷ. 소유자의 성명 또는 명칭, 주소 및 주민등록번호
>
> ㄹ. 소재 및 지번
>
> ㅁ. 소유권의 지분

① ㄱ, ㄴ, ㄷ   ② ㄱ, ㄴ, ㄷ, ㄹ   ③ ㄱ, ㄷ, ㄹ, ㅁ

④ ㄴ, ㄷ, ㄹ, ㅁ   ⑤ ㄱ, ㄴ, ㄹ, ㅁ

18 공간정보의 구축 및 관리 등에 관한 법령상 지적공부와 등록사항의 연결이 옳은 것은?

① 토지대장 − 경계와 면적

② 임야대장 − 건축물 및 구조물 등의 위치

③ 공유지연명부 − 소유권의 지분과 토지의 이동사유

④ 대지권등록부 − 대지권의 비율과 지목

⑤ 토지대장 · 임야대장 · 공유지연명부 · 대지권등록부 − 토지소유자가 변경된 날과 그 원인

19 공간정보의 구축 및 관리 등에 관한 법령상 지적기준점성과와 지적기준점성과의 열람 및 등본 발급 신청기관의 연결이 옳은 것은?

① 지적삼각점성과 − 시 · 도지사 또는 지적소관청

② 지적삼각보조점성과 − 시 · 도지사

③ 지적삼각보조점성과 − 지적측량수행자

④ 지적도근점성과 − 시 · 도지사 또는 지적소관청

⑤ 지적도근점성과 − 한국국토정보공사

20 공간정보의 구축 및 관리 등에 관한 법령상 경계점좌표등록부를 갖춰 두는 지역의 지적도가 아래와 같은 경우 이에 관한 설명으로 옳은 것은?

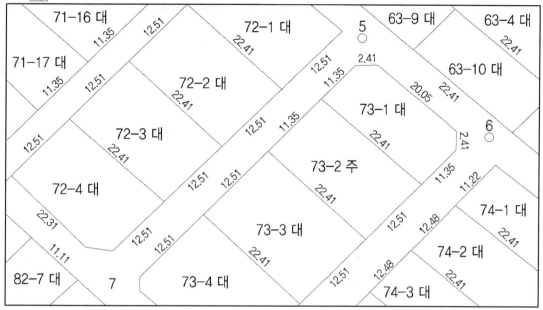

① 위 지적도에 등록된 토지의 면적측정은 전자면적측정기에 의한다.

② 위 지적도에 등록된 토지의 면적은 제곱미터 이하 한자리 단위로 결정한다.

③ 위 지적도에 등록된 토지의 경계복원측량은 평판측량 또는 전자평판측량방법으로 하여야 한다.

④ 도곽선 오른쪽 아래 끝에 '이 도면으로 측량할 수 없음'이라고 기록하여야 한다.

⑤ 위 지적도에 등록된 72-1번지 토지의 경계선상에 등록된 '22.41'은 좌표에 의하여 계산된 경계점간의 각도를 나타낸다.

21 공간정보의 구축 및 관리 등에 관한 법령상 지적공부의 보존 및 보관방법 등에 관한 설명으로 틀린 것은? (단, 정보처리시스템을 통하여 기록·저장한 지적공부는 제외함)

① 지적공부를 정보처리시스템을 통하여 기록·저장한 경우 관할 시·도지사, 시장·군수 또는 구청장은 그 지적공부를 지적정보관리체계에 영구히 보존하여야 한다.

② 국토교통부장관의 승인을 받은 경우 지적공부를 해당 청사 밖으로 반출할 수 있다.

③ 지적서고는 지적사무를 처리하는 사무실과 연접(連接)하여 설치하여야 한다.

④ 지적소관청은 해당 청사에 지적서고를 설치하고 그 곳에 지적공부를 영구히 보존하여야 한다.

⑤ 카드로 된 토지대장·임야대장·공유지연명부·대지권등록부 및 경계점좌표등록부는 100장 단위로 바인더(binder)에 넣어 보관하여야 한다.

22 공간정보의 구축 및 관리 등에 관한 법령상 지적공부의 보존 등에 관한 설명으로 옳은 것을 모두 고른 것은?

> ㄱ. 지적서고는 지적사무를 처리하는 사무실과 연접(連接)하여 설치하여야 한다.
>
> ㄴ. 지적소관청은 천재지변이나 그 밖에 이에 준하는 재난을 피하기 위하여 필요한 경우에는 지적공부를 해당 청사 밖으로 반출할 수 있다.
>
> ㄷ. 카드로 된 토지대장·임야대장 등은 200장 단위로 바인더(binder)에 넣어 보관하여야 한다.
>
> ㄹ. 지적공부를 정보처리시스템을 통하여 기록·저장한 경우 관할 시·도지사, 시장·군수 또는 구청장은 그 지적공부를 지적정보관리체계에 영구히 보존하여야 한다.

① ㄱ, ㄷ

② ㄴ, ㄹ

③ ㄷ, ㄹ

④ ㄱ, ㄴ, ㄷ

⑤ ㄱ, ㄴ, ㄹ

23 공간정보의 구축 및 관리 등에 관한 법령상 지적공부의 관리 등에 관한 설명으로 옳은 것은?

① 지적공부를 복구할 때에는 멸실·훼손 당시의 지적공부와 가장 부합된다고 인정되는 관계 자료에 따라 토지의 표시에 관한 사항을 복구하여야 한다. 다만, 소유자에 관한 사항은 지적소관청이 직접 조사하여 등록하여야 한다.

② 지적공부의 등본, 개별공시지가 자료, 지적측량의뢰서, 법원의 확정판결서 정본 또는 사본은 지적공부의 토지표시에 관한 복구자료에 해당한다.

③ 정보처리시스템을 통하여 기록·저장된 지적공부를 열람하거나 그 등본을 발급받으려는 경우에는 시·도지사, 시장·군수 또는 구청장이나 읍·면·동의 장에게 신청할 수 있다.

④ 토지소유자가 자기 토지에 대한 지적전산자료를 신청하거나, 토지소유자가 사망하여 그 상속인이 피상속인의 토지에 대한 지적전산자료를 신청하는 경우에는 관계 중앙행정기관의 심사를 받지 아니할 수 있다.

⑤ 지적소관청은 지적공부의 전부 또는 일부가 멸실되거나 훼손되어 이를 복구하고자 하는 경우에는 시·도지사 또는 대도시 시장의 승인을 받아야 한다.

24 공간정보의 구축 및 관리 등에 관한 법령상 부동산종합공부의 등록사항에 해당하지 않는 것은?

① 토지의 표시와 소유자에 관한 사항 : 「공간정보의 구축 및 관리 등에 관한 법률」에 따른 지적공부의 내용

② 건축물의 표시와 소유자에 관한 사항(토지에 건축물이 있는 경우만 해당한다) : 「건축법」에 따른 건축물대장의 내용

③ 토지의 이용 및 규제에 관한 사항 : 「토지이용규제 기본법」에 따른 토지이용계획확인서의 내용

④ 부동산의 보상에 관한 사항 : 「공익사업을 위한 토지 등의 취득 및 보상에 관한 법률」에 따른 부동산의 보상 가격 내용

⑤ 부동산의 가격에 관한 사항 : 「부동산 가격공시 및 감정평가에 관한 법률」에 따른 개별공시지가, 개별주택가격 및 공동주택가격 공시내용

25 공간정보의 구축 및 관리 등에 관한 법령상 부동산종합공부에 관한 설명이다. 틀린 것은 모두 몇 개인가?

> ㄱ. 지적소관청은 부동산종합공부에 등록되는 사항을 관리하는 기관의 장에게 관련자료의 제출을 요구할 수 있다.
>
> ㄴ. 부동산종합공부의 등록사항을 관리하는 기관의 장은 지적소관청에 상시적으로 관련정보를 제공하여야 한다.
>
> ㄷ. 지적소관청은 부동산종합공부의 불일치 등록사항에 대해서는 등록사항을 정정하고, 등록사항을 관리하는 기관의 장에게 그 내용을 통지하여야 한다.
>
> ㄹ. 토지소유자는 부동산종합공부의 등록사항에 잘못이 있음을 발견하면 지적소관청 또는 읍·면·동의 장에게 그 정정을 신청할 수 있다.
>
> ㅁ. 부동산종합공부를 열람하거나 기록사항의 전부 또는 일부에 관한 증명서를 발급받으려는 자는 지적소관청 또는 읍·면·동의 장에게 신청할 수 있다.

① 1개   ② 2개   ③ 3개   ④ 4개   ⑤ 5개

26 공간정보의 구축 및 관리 등에 관한 법령상 시·도지사 또는 대도시의 시장의 승인을 얻어야 하는 것은?

> ㄱ. 지적공부의 반출
>
> ㄴ. 지적전산정보자료의 이용
>
> ㄷ. 지적공부의 복구
>
> ㄹ. 지번변경
>
> ㅁ. 축척변경

① 1개   ② 2개   ③ 3개   ④ 4개   ⑤ 5개

27 **지적전산자료**(연속지적도를 포함한다)**의 이용 및 활용에 관한 내용이다. 틀린 것은?**

① 지적공부에 관한 전산자료(지적전산자료)를 이용·활용하고자 하는 자는 관계 중앙행정 기관의 심사를 거쳐야 한다.

② 시·도 단위의 지적전산자료를 이용하려는 자는 시·도지사 또는 지적소관청에게 신청 하여야 한다.

③ 시·군·구 단위의 지적전산자료를 이용하려는 자는 지적소관청에게 신청하여야 한다.

④ 중앙행정기관의 장, 그 소속 기관의 장이 지적전산자료를 신청하는 경우에는 중앙행정 기관의 심사를 받지 아니할 수 있다.

⑤ 토지소유자가 사망하여 그 상속인이 피상속인의 토지에 대한 지적전산자료를 신청하는 경우에는 관계 중앙행정기관의 심사를 받아야 한다.

28 **공간정보의 구축 및 관리 등에 관한 법령상 연속지적도의 관리 등에 관한 내용으로 틀린 것은?**

① "연속지적도"란 지적측량을 하지 아니하고 전산화된 지적도 및 임야도 파일을 이용하 여, 도면상 경계점들을 연결하여 작성한 도면으로서 **측량에 활용할 수 없는 도면**을 말 한다.

② 국토교통부장관은 연속지적도의 관리 및 정비에 관한 **정책**을 **수립·시행**하여야 한다.

③ 국토교통부장관은 연속지적도를 체계적으로 관리하기 위하여 연속지적도 **정보관리체계**를 **구축·운영**할 수 있다.

④ 국토교통부장관은 지적도·임야도에 등록된 사항에 대하여 토지의 이동 또는 **오류사항**을 **정비**한 때에는 이를 연속지적도에 **반영**하여야 한다.

⑤ 국토교통부장관 또는 지적소관청은 연속지적도 정보관리체계의 구축·운영에 관한 **업무**를 법인, 단체 또는 기관에 **위탁**할 수 있다.

29 공간정보의 구축 및 관리 등에 관한 법령상 토지이동과 관련된 다음 설명 중 틀린 것은?

① 산지관리법에 따른 산지전용허가 · 신고, 산지일시사용허가 · 신고, 건축법에 따른 건축 허가 · 신고 또는 그 밖의 관계 법령에 따른 개발행위 허가 등을 받은 경우에 토지소유 자는 등록전환을 신청할 수 있다.

② 토지소유자의 신청에 의하여 신규등록을 한 경우 지적소관청은 등기관서에 그 변경사 항에 관한 등기를 촉탁할 필요가 없다.

③ 1필지의 일부가 용도가 다르게 된 경우에는 토지소유자는 60일 이내에 지적소관청에 분할신청과 함께 지목변경을 신청하여야 한다.

④ 신규등록하는 경우 소유권에 관한 증명서면으로 법원의 확정판결, 준공검사확인증, 등 기완료통지서 등을 첨부하여야 한다.

⑤ 토지소유자는 도로, 제방, 하천, 구거 등의 지목으로서 연접하여 있으나 구획 내에 2필지 이상으로 등록된 경우, 그 사유가 발생한 날부터 60일 이내에 지적소관청에 합 병을 신청하여야 한다.

30 임야대장등록지의 토지를 토지대장등록지의 토지로 옮겨 등록하는 등록전환에 관련된 설명으로 틀린 것은?

① 토지소유자는 등록전환 사유가 발생한 날부터 60일 이내에 지적소관청에 신청하며, 등록 전환 대상토지는 이미 등록된 인접토지와 동일한 축척으로 등록한다.

② 대부분의 토지가 등록전환되어 나머지 토지가 임야대장등록지에 계속 존치할 필요가 없는 경우, 토지소유자는 등록전환을 신청할 수 있다.

③ 도시 · 군관리계획선에 따라 토지를 분할하는 경우에는 등록전환을 신청할 수 있다.

④ 임야대장의 면적과 등록전환될 면적 차이가 법령에 규정된 허용범위를 초과하는 경우 에는 임야대장의 면적 또는 임야도의 경계를 지적소관청이 직권으로 정정하여야 한다.

⑤ 등록전환에 따른 면적을 정할 때 임야대장의 면적과 등록전환될 면적의 차이가 오차의 허용범위 이내인 경우, 임야대장의 면적을 등록전환면적으로 결정한다.

31 공간정보의 구축 및 관리 등에 관한 법령상 토지의 분할에 관한 설명으로 틀린 것은?

① 토지를 분할하는 경우 주거·사무실 등의 건축물이 있는 필지에 대하여는 분할 전의 지번을 우선하여 부여하여야 한다.

② 토지의 매매를 위하여 필요한 경우에는 분할을 신청할 수 있다.

③ 토지이용상 불합리한 지상 경계를 시정하기 위한 경우에는 분할을 신청할 수 있다.

④ 도시개발사업 등의 사업시행자가 사업지구의 경계를 결정하기 위하여 토지를 분할하는 경우에는 지상 건축물을 걸리게 하여 경계를 결정하여서는 아니 된다.

⑤ 지적공부에 등록된 1필지의 일부가 관계 법령에 따른 형질변경 등으로 용도가 다르게 된 때에는 지적소관청에 토지의 분할을 신청하여야 한다.

32 甲토지에 乙토지를 합병하여 토지의 합필등기를 신청하고자 한다. 다음 중 합필등기를 할 수 없는 것은?

① 甲토지와 乙토지 모두에 등기법 제81조 제1항의 등기사항이 같은 신탁등기가 있는 경우

② 甲토지에는 전세권설정등기, 乙토지에는 임차권설정등기가 있는 경우

③ 甲토지와 乙토지 모두에 등기원인 및 그 연월일과 접수번호가 동일한 전세권등기가 있는 경우

④ 甲토지와 乙토지에 모두 가압류등기가 있고, 등기원인 및 그 연월일과 접수번호가 서로 같은 경우

⑤ 甲토지와 乙토지에 모두 근저당권설정등기가 있고, 등기원인 및 그 연월일과 접수번호가 서로 같은 경우

33 공간정보의 구축 및 관리 등에 관한 법령상 토지의 이동신청에 관한 설명으로 틀린 것은?

① 토지소유자는 「주택법」에 따른 공동주택의 부지로서 합병할 토지가 있으면 그 사유가 발생한 날부터 60일 이내에 지적소관청에 합병을 신청하여야 한다.

② 공유수면매립 준공에 의하여 신규등록할 토지가 있는 경우 토지소유자는 그 사유가 발생한 날부터 60일 이내에 관청에 신규등록을 신청하여야 한다.

③ 임야도에 등록된 토지를 도시·군 관리계획선에 따라 분할하는 경우 토지소유자는 등록전환을 신청할 수 있다.

④ 토지소유자는 토지나 건축물의 용도가 변경되어 지목변경을 하여야 할 토지가 있으면 그 사유가 발생한 날부터 60일 이내에 지적소관청에 지목변경을 신청하여야 한다.

⑤ 바다로 되어 말소된 토지가 지형의 변화 등으로 다시 토지가 된 경우 토지소유자는 그 사유가 발생한 날부터 90일 이내에 토지의 회복등록을 지적소관청에 신청하여야 한다.

34 지적공부의 등록사항에 오류가 있는 경우 지적소관청의 직권으로 정정할 수 있는 사항은?

① 지적도에 등록된 필지의 경계가 지상 경계와 일치하지 않아 면적의 증감이 있는 경우

② 토지이용계획확인서 내용과 다르게 정리된 경우

③ 지적측량을 잘못한 경우

④ 임야대장의 면적과 등록전환될 면적의 차이가 허용범위 이내인 경우

⑤ 지적위원회의 의결서 내용에 따라 등록사항을 정정하여야 하는 경우

35 공간정보의 구축 및 관리 등에 관한 법령상 지적공부의 등록사항정정에 관한 설명으로 틀린 것은?

① 지적도 및 임야도에 등록된 필지가 면적의 증감 없이 경계의 위치만 잘못 등록된 경우 지적소관청이 직권으로 조사·측량하여 정정할 수 있다.

② 토지소유자가 경계 또는 면적의 변경을 가져오는 등록사항에 대한 정정신청을 하는 때에는 정정사유를 기재한 신청서에 등록사항정정측량성과도를 첨부하여 지적소관청에 제출하여야 한다.

③ 등기된 토지의 지적공부 등록사항정정 내용이 토지의 표시에 관한 사항인 경우 등기필정보, 등기사항증명서 또는 등기관서에서 제공한 등기전산정보자료, 등기신청접수증에 따라 정정하여야 한다.

④ 등록사항정정 신청사항이 미등기 토지의 소유자 성명에 관한 사항으로서 명백히 잘못 기재된 경우에는 가족관계기록사항에 관한 증명서에 따라 정정할 수 있다.

⑤ 등록사항 정정 대상 토지에 대한 대장을 열람하게 하거나 등본을 발급하는 때에는 등록사항 정정 대상토지라고 적은 부분을 흑백의 반전(反轉)으로 표시하거나 붉은색으로 적어야 한다.

36 공간정보의 구축 및 관리 등에 관한 법령상 축척변경에 관한 설명이다. (   )안에 들어갈 내용으로 옳은 것은?

> - 지적소관청은 축척변경을 하려면 축척변경 시행지역의 토지소유자 (㉠)의 동의를 받아 축척변경위원회의 의결을 거친 후 (㉡)의 승인을 받아야 한다.
> - 축척변경 시행지역의 토지소유자 또는 점유자는 시행공고일부터 (㉢) 이내에 시행공고일 현재 점유하고 있는 경계에 경계점표지를 설치하여야 한다.
> - 지적소관청은 청산금에 관한 수령통지를 한 날부터 (㉣) 이내에 청산금을 내야 한다.

	㉠	㉡	㉢	㉣
①	2분의 1 이상	국토교통부장관	30일	1개월
②	2분의 1 이상	시·도지사 또는 대도시 시장	60일	3개월
③	2분의 1 이상	국토교통부장관	60일	3개월
④	3분의 2 이상	시·도지사 또는 대도시 시장	30일	6개월
⑤	3분의 2 이상	국토교통부장관	60일	6개월

37 공간정보의 구축 및 관리 등에 관한 법령상 축척변경위원회의 심의·의결사항으로 틀린 것은?

① 지번별 제곱미터당 금액의 결정에 관한 사항
② 축척변경 승인에 관한 사항
③ 청산금의 산정에 관한 사항
④ 청산금의 이의신청에 관한 사항
⑤ 축척변경 시행계획에 관한 사항

38 도시개발사업 등의 시행지역에서 토지이동의 신청에 관한 설명으로 옳은 것은?

① 「농어촌정비법」에 따른 농어촌정비사업의 시행자는 그 사업의 착수·변경 및 완료 사실을 시·도지사에게 신고하여야 한다.

② 도시개발사업 등의 착수·변경 또는 완료사실의 신고는 그 사유가 발생한 날부터 20일 내에 지적소관청에 하여야 한다.

③ 주택건설사업의 시행자가 파산 등의 이유로 토지이동신청을 할 수 없는 때에는 그 주택의 시공을 보증한 자 또는 입주예정자가 신청할 수 있다.

④ 「주택법」에 따른 주택건설사업의 시행자가 파산 등의 이유로 토지의 이동 신청을 할 수 없을 때에는 토지소유자가 신청할 수 있다

⑤ 도시개발사업 등으로 인한 토지의 이동은 토지의 형질변경 등의 공사가 착수된 때 그 이동이 있는 것으로 본다.

39 공간정보 구축 및 관리 등에 관한 법령상 토지소유자의 정리 등에 관한 설명으로 틀린 것은?

> ㄱ. 지적소관청은 등기부에 적혀 있는 토지의 표시가 지적공부와 일치하지 아니하면 토지소유자를 정리한 후, 그 뜻을 관할 등기관서에 통지하여야 한다.
>
> ㄴ. 토지소유자의 변동 등에 따른 지적공부를 정리하려는 경우에는 토지이동정리결의서를 작성하여 지적공부를 정리하여야 한다.
>
> ㄷ. 지적공부에 신규등록하는 토지의 소유자에 관한 사항은 등기관서에서 등기한 것을 증명하는 등기필증, 등기완료통지서, 등기사항증명서 또는 등기관서에서 제공한 등기전산정보자료에 따라 정리한다.
>
> ㄹ. 지적소관청은 필요하다고 인정하는 경우에는 관할 등기관서의 등기부를 열람하여 지적공부와 부동산등기부가 일치하는지 여부를 조사·확인하여야 한다.
>
> ㅁ. 지적소관청 소속 공무원이 지적공부와 부동산등기부의 부합 여부를 확인하기 위하여 등기전산정보자료의 제공을 요청하는 경우 그 수수료는 무료로 한다.

① 1개   ② 2개   ③ 3개   ④ 4개   ⑤ 5개

40 공간정보의 구축 및 관리 등에 관한 법령상 지적측량을 실시하여야 할 대상으로 틀린 것은?

① 「지적재조사에 관한 특별법」에 따른 지적재조사사업에 따라 토지의 이동이 있는 경우로서 측량을 할 필요가 있는 경우

② 지적측량수행자가 실시한 측량성과에 대하여 지적소관청이 검사를 위해 필요한 경우

③ 연속지적도에 있는 경계점을 지상에 표시하기 위해 측량을 하는 경우

④ 지상건축물 등의 현황을 지적도 및 임야도에 등록된 경계와 대비하여 표시하기 위해 측량을 할 필요가 있는 경우

⑤ 도시개발사업 등으로 인한 토지의 이동시 측량을 할 필요가 있는 경우

41 공간정보의 구축 및 관리 등에 관한 법령상 지적측량을 하여야 하는 경우가 아닌 것은?

① 지적측량성과를 검사하는 경우

② 경계점을 지상에 복원하는 경우

③ 지상건축물 등의 현황을 지적도 및 임야도에 등록된 경계와 대비하여 표시하는 데에 필요한 경우

④ 위성기준점 및 공공기준점을 설치하는 경우

⑤ 바다가 된 토지의 등록을 말소하는 경우로서 지적측량을 할 필요가 있는 경우

42 공간정보의 구축 및 관리 등에 관한 법령상 토지소유자 등 이해관계인이 지적측량수행자에게 지적측량을 의뢰하여야 하는 경우가 아닌 것을 모두 고른 것은? (단, 지적측량을 할 필요가 있는 경우임)

> ㄱ. 지적측량성과를 검사하는 경우
>
> ㄴ. 토지를 등록전환하는 경우
>
> ㄷ. 축척을 변경하는 경우
>
> ㄹ. 「지적재조사에 관한 특별법」에 따른 지적재조사사업에 따라 토지의 이동이 있는 경우

① ㄱ, ㄴ

② ㄱ, ㄹ

③ ㄷ, ㄹ

④ ㄱ, ㄴ, ㄷ

⑤ ㄴ, ㄷ, ㄹ

43 지방지적위원회의 심의 · 의결사항으로 옳은 것은?

① 지적측량에 대한 적부심사(適否審査) 청구사항

② 지적측량기술의 연구 · 개발 및 보급에 관한 사항

③ 지적 관련 정책 개발 및 업무 개선 등에 관한 사항

④ 지적기술자의 업무정지 처분 및 징계요구에 관한 사항

⑤ 지적분야 측량기술자의 양성에 관한 사항

44 중앙지적위원회의 심의 · 의결사항으로 틀린 것은?

① 지적기술자의 양성에 관한 사항

② 지적측량기술의 연구 · 개발 및 보급에 관한 사항

③ 지적재조사 기본계획의 수립 및 변경에 관한 사항

④ 지적 관련 정책 개발 및 업무 개선 등에 관한 사항

⑤ 지적기술자의 업무정지 처분 및 징계요구에 관한 사항

부동산등기법

01 등기신청적격에 관한 설명으로 틀린 것은?

① 외국인은 법령이나 조약의 제한이 없는 한 자기 명의로 등기신청을 하고 등기명의인이 될 수 있다.

② 사립대학이 부동산을 기증받은 경우에도, 학교 명의로 소유권이전등기를 할 수 없다.

③ 민법상 조합 명의로 등기를 신청할 수 없으므로, 조합원 전원 명의로 합유등기를 신청하여야 한다.

④ 법인 아닌 사단·재단에 속하는 부동산에 관한 등기는 그 사단·재단의 대표자 명의로 신청할 수 있다.

⑤ 동(洞) 명의로 동민들이 법인 아닌 사단을 설립한 경우에는 그 대표자가 동 명의로 등기신청을 할 수 있다.

02 확정판결에 의한 소유권이전등기신청과 관련된 내용이다. 옳은 것은?

① 승소한 등기권리자는 등기의무자의 등기필정보를 등기소에 제공하여야 한다.

② 소유권이전등기말소청구의 소를 제기하여 승소판결을 받은 자가 그 판결에 의한 등기신청을 하지 아니하는 경우, 패소한 등기의무자가 그 판결에 기하여 직접 말소등기를 신청하거나 대위등기를 할 수 있다.

③ 소유권이전등기의 이행판결에 가집행이 붙은 경우, 판결이 확정되지 아니하여도 가집행선고에 의한 소유권이전등기를 신청할 수 있다.

④ 확정된 지 10년이 경과하여 그 소멸시효가 완성된 경우에는 그 판결에 따른 등기신청을 할 수 없다.

⑤ 공유물분할판결이 확정되면 등기의무자가 그에 따른 등기를 단독으로 신청할 수 있다.

03 다음 중 단독으로 신청할 수 있는 등기만을 열거한 것은?

① 부동산표시변경등기, 법인의 합병으로 인한 소유권이전등기, 사인증여를 원인으로 한 소유권이전등기

② 상속으로 인한 소유권이전등기, 신탁등기의 말소등기, 포괄유증으로 인한 소유권이전등기

③ 신탁등기의 말소등기, 소유권보존등기의 말소등기, 등기명의인표시변경등기

④ 소유권보존등기, 수용에 인한 소유권이전등기, 특정유증에 의한 소유권이전등기

⑤ 소유권보존등기의 말소등기, 신탁등기, 공공용지의 협의취득을 원인으로 한 소유권이전등기

04 등기권리자 또는 등기명의인이 단독으로 신청하는 등기에 관한 설명으로 틀린 것을 모두 고른 것은?

> ㄱ. 등기명의인표시변경등기는 해당 권리의 등기명의인이 단독으로 신청할 수 있다.
>
> ㄴ. 수용으로 인한 소유권이전등기를 하는 경우, 등기권리자는 그 목적물에 설정되어 있는 근저당권설정등기의 말소등기를 단독으로 신청하여야 한다.
>
> ㄷ. 이행판결에 의한 등기는 승소한 등기권리자가 단독으로 신청할 수 있다.
>
> ㄹ. 말소등기에 관한 이해관계 있는 제3자의 승낙이 있는 경우, 그 제3자 명의의 등기는 등기권리자가 단독으로 말소신청하여야 한다.
>
> ㅁ. 등기의 말소를 공동으로 신청해야 하는 경우, 등기의무자의 소재불명으로 제권판결을 받으면 등기권리자는 그 사실을 증명하여 단독으로 등기의 말소를 신청할 수 있다.

① ㄱ, ㄷ   ② ㄱ, ㄹ   ③ ㄴ, ㄹ
④ ㄴ, ㅁ   ⑤ ㄷ, ㅁ

05 매도인 甲과 매수인 乙이 매매계약을 체결한 후, 등기신청을 하지 않고 있던 중 甲이 사망하였다. 이 때 甲의 단독 상속인 丙과 乙의 소유권이전등기 신청절차에 관한 다음 설명 중 틀린 것은?

① 丙과 乙이 소유권이전등기를 공동신청하는 경우에는 등기의무자의 등기필정보를 등기소에 제공하여야 한다.

② 丙은 자신 명의의 상속등기를 마친 후 乙명의의 소유권이전등기를 공동신청하여야 한다.

③ 丙과 乙이 소유권이전등기를 공동신청하는 경우, 매매계약서를 등기소에 제공하여야 한다.

④ 丙은 가족관계증명서를 첨부정보로 등기소에 제공하여야 한다.

⑤ 乙은 丙을 상대로 이행을 명하는 판결에 의하여 소유권이전등기를 단독으로 신청할 수 있다.

06 甲소유의 부동산에 대하여 甲 → 乙 → 丙 순으로 매매계약이 이루어진 후, 채권자 丙이 채무자 乙을 대위하여 등기신청하는 경우에 관한 설명으로 옳은 것을 모두 고른 것은?

> ㄱ. 대위신청에 따른 등기를 마친 경우, 등기관은 乙에게 등기필정보를 통지하여야 한다.
>
> ㄴ. 대위신청에 따른 등기를 마친 경우, 등기관은 丙에게 등기완료통지를 하여야 한다.
>
> ㄷ. 대위등기신청에서 등기의무자는 甲이고, 등기권리자는 丙이다.
>
> ㄹ. 대위등기를 신청할 때 대위원인을 증명하는 정보를 첨부하여야 한다.

① 없음　　② 1개　　③ 2개　　④ 3개　　⑤ 4개

07 부동산등기법이 절차상 필요에 의하여 인정하고 있는 대위등기에 관한 다음 설명 중 옳은 것은?

① 甲이 그 소유 부동산을 乙에게 매도하고 사망한 경우, 甲의 단독 상속인 丙은 자신 앞으로 상속등기를 마친 후 乙명의로 소유권이전등기를 하여야 한다.

② 1동의 건물에 속하는 구분건물 중 일부만에 관하여 소유권보존등기를 신청하면서 나머지 구분건물의 표시에 관한 등기를 동시에 신청하는 경우, 구분건물의 소유자는 1동에 속하는 다른 구분건물의 소유자를 대위하여 그 건물의 소유권보존등기를 신청할 수 있다.

③ 건물이 멸실된 경우, 그 건물소유권의 등기명의인이 1개월 이내에 멸실등기 신청을 하지 않으면 그 건물대지의 소유자가 그 건물소유권의 등기명의인을 대위하여 멸실등기를 신청할 수 있다.

④ 상속인이 상속포기를 할 수 있는 기간 중에는 상속인의 채권자가 대위권을 행사하여 상속등기를 신청할 수 없다.

⑤ 신탁등기의 말소등기는 수익자나 위탁자가 수탁자를 대위하여 그 등기를 신청할 수 없다.

08 소유권이전등기의 신청정보에 관한 설명이다. 틀린 것은?

① 토지수용에 의한 소유권이전등기를 신청하는 경우에는 등기의무자의 등기필정보를 등기소에 제공하지 않아도 된다.

② 상속이나 유증을 원인으로 하는 소유권이전등기를 신청하는 경우에는 등기의무자의 등기필정보를 등기소에 제공할 필요가 없다.

③ 승소한 등기권리자가 단독으로 판결에 의한 소유권이전등기를 신청하는 경우, 등기의무자의 권리에 관한 등기필정보를 제공할 필요가 없다.

④ 등기관이 소유권의 일부에 관한 이전등기를 할 때에는 이전되는 지분을 기록하여야 하고, 그 등기원인에 분할금지약정이 있을 때에는 그 약정에 관한 사항도 기록하여야 한다.

⑤ 합유등기의 경우에는 신청정보에 합유자의 지분을 기록하여 등기소에 제공할 필요가 없다.

09 합유등기에 관한 설명이다. 틀린 것은?

① 합유등기를 하는 경우, 신청정보에 합유자의 지분비율을 기록하지 않는다.

② 민법상 조합의 소유인 부동산을 등기할 경우, 조합원 전원의 명의로 합유등기를 하여야 한다.

③ 합유자 중 1인이 다른 합유자 전원의 동의를 얻어 합유지분을 처분하는 경우, 합유명의인변경등기를 신청하여야 한다.

④ 2인의 합유자 중 1인이 사망한 경우, 잔존 합유자는 그의 단독 소유로 합유명의인변경등기를 신청할 수 있다.

⑤ 부동산의 합유지분에 대한 가압류등기는 할 수 있다.

10 등기신청시 등기소에 제공하여야 할 신청정보 및 첨부정보에 관한 설명이다. 옳은 것은?

①	매매에 의한 소유권이전등기	등기의무자의 등기필정보 매매계약서 매도인과 매수인의 주소증명정보
②	상속에 의한 소유권이전등기	등기의무자의 등기필정보 상속재산분할협의서 및 상속인 전원의 인감증명 가족관계증명서, 기본증명서
③	1필지 전부에 대한 전세권설정등기	전세권설정계약서 도면
④	소유권보존등기	대장정보 주소증명정보 토지거래허가정보 농지취득자격증명정보
⑤	소유권이전청구권가등기	토지거래허가정보 농지취득자격증명정보

11 전산정보처리조직에 의한 등기절차에 관한 설명 중 옳은 것은?

① 법인 아닌 사단이나 재단의 대표자나 관리인은 대리인에게 위임하지 않고 그 사단이나 재단 명의로 직접 전자신청을 할 수 있다.

② 사용자등록의 유효기간은 3년이며, 유효기간 만료일 6개월 전부터 만료일까지 그 유효기간의 연장을 신청할 수 있다.

③ 자연인은 모두 전자신청을 할 수 있으므로, 외국인도 아무런 제한 없이 전자신청을 할 수 있다.

④ 전자표준양식에 의한 등기신청의 경우, 자격자대리인이 아닌 자는 타인을 대리하여 등기를 신청할 수 없다.

⑤ 전자신청의 대리는 자격자대리인만이 할 수 있으므로, 자격자대리인이 아닌 경우에는 자기 사건이라 하더라도 상대방을 대리하여 전자신청을 할 수 없다.

12 등기를 마친 경우 등기필정보를 작성하여 통지하여야 하는 등기는 모두 몇 개인가?

ㄱ. 등기관의 직권에 의한 소유권보존등기
ㄴ. 매도인과 매수인이 공동신청한 소유권이전등기
ㄷ. 채권자대위에 의한 소유권이전등기
ㄹ. 승소한 등기의무자가 신청한 소유권이전등기
ㅁ. 매매계약 해제로 인한 소유권의 말소등기
ㅂ. 관공서의 촉탁등기

① 1개   ② 2개   ③ 3개   ④ 4개   ⑤ 5개

13 등기필정보의 작성 및 통지에 관한 다음 설명 중 틀린 것은?

① 등기필정보의 통지를 원하지 않거나 3개월 이내에 인터넷등기소에서 전송받지 않거나 수령하지 않는 경우에는 등기필정보를 통지하지 않는다.

② 권리자를 추가하는 변경등기를 마친 경우에는 등기필정보를 작성하여 통지하여야 한다.

③ 등기관이 법원의 촉탁에 따라 가압류등기를 하기 위해 직권으로 소유권보존등기를 한 경우, 소유자에게 등기필정보를 통지하지 않는다.

④ 법정대리인이 등기를 신청하여 본인이 새로운 권리자가 된 경우, 등기필정보는 특별한 사정이 없는 한 본인에게 통지하여야 한다.

⑤ 관공서가 등기권리자를 위하여 소유권이전등기를 촉탁한 경우에는 등기필정보통지서를 관공서에 직접 송달할 수 있으며, 이 경우 관공서는 밀봉된 등기필정보통지서를 뜯지 않은 채 그대로 등기권리자에게 교부한다.

14 등기관의 처분에 대한 이의절차에 관한 설명으로 틀린 것은?

① 등기관의 처분에 대한 이의에는 집행정지의 효력이 없지만, 등기관의 처분 또는 결정이 있었던 날부터 60일 이내에 이의신청을 하여야 한다.

② 등기관의 결정 또는 처분이 부당하여 이의신청을 하는 경우에는 등기신청서의 제출시를 기준으로 그 때까지 주장하거나 제출되지 아니한 사실이나 증거방법으로써 이의사유를 삼을 수 없다.

③ 관할 지방법원은 이의신청에 대하여 결정하기 전에 등기관에게 이의가 있다는 뜻의 부기등기를 명령할 수 있다.

④ 이의신청에 대하여 등기관이 이의가 이유없다고 인정한 경우에는 이의신청일로부터 3일 이내에 의견을 붙여 이의신청서를 관할 지방법원에 보내야 한다.

⑤ 등기신청의 각하결정에 대하여는 등기신청인인 등기권리자 및 등기의무자에 한하여 이의신청을 할 수 있고, 이해관계 있는 제3자는 이의신청을 할 수 없다.

15 미등기 부동산에 대하여 직권에 의한 소유권보존등기를 할 수 있는 경우에 해당하는 것은 모두 몇 개인가?

> • 압류등기의 촉탁
> • 가압류등기의 촉탁
> • 처분금지가처분등기의 촉탁
> • 경매개시결정등기의 촉탁
> • 가등기가처분등기의 촉탁
> • 임차권등기명령에 따른 주택임차권등기의 촉탁

① 1개
② 2개
③ 3개
④ 4개
⑤ 5개

16 다음 중 소유권보존등기를 신청할 수 없는 자는?

① 건축물대장이 생성된 건물에 대하여 특별자치도지사, 시장, 군수 또는 구청장(자치구의 구청장)을 상대로 소유권확인판결을 받은 자

② 토지대장의 최초 소유자를 특정할 수 없어 국가를 상대로 자기의 소유권을 증명하는 확정판결을 받은 자

③ 지적공부상 국가로부터 소유권을 이전받은 것으로 등록되어 있는 자

④ 대장에 최초의 소유자로 등록된 자로부터 특정유증을 받은 자

⑤ 대장에 최초의 소유자로 등록된 자로부터 포괄유증을 받은 자

17 소유권보존등기와 관련한 다음 설명 중 옳은 것은?

① 토지대장의 최초 소유자인 甲의 미등기 토지가 상속된 경우, 甲명의로 먼저 소유권보존등기를 한 후 상속인명의로 소유권이전등기를 하여야 한다.

② 판결에 의하여 자기의 소유권을 증명하여 소유권보존등기를 신청할 경우, 소유권을 증명할 수 있는 판결은 소유권 확인판결에 한한다.

③ 미등기 건물에 대한 소유권을 군수의 확인에 의해 증명한 자는 자기 명의로 소유권보존등기를 신청할 수 있다.

④ 지적공부에 최초의 소유자로 등록된 국가로부터 소유권이전등록을 받은 자는 국가 명의의 소유권보존등기를 마친 후 소유권이전등기를 하여야 한다.

⑤ 소유권보존등기를 신청할 때에는 등기의무자의 등기필정보를 등기소에 제공하여야 한다.

18 소유권보존등기에 관한 다음 설명 중 옳은 것은?

① 소유권보존등기를 신청할 때에는 신청인의 주소증명정보를 등기소에 제공할 필요가 없다.

② 소유권보존등기의 신청정보에는 등기원인과 그 연월일을 기록하여야 한다.

③ 규약에 따라 공용부분으로 등기된 후 그 규약이 폐지된 경우, 그 공용부분 취득자는 소유권이전등기를 신청하여야 한다.

④ 규약상 공용부분을 처분하면서 규약을 폐지한 경우 공용부분 취득자는 규약의 폐지를 증명하는 정보를 첨부하여 공용부분이라는 뜻의 등기의 말소등기를 신청하여야 한다.

⑤ 미등기부동산에 대하여 소유권보존등기를 신청할 수 있는데도 이를 하지 아니한 채 매매계약을 체결한 경우에는, 그 계약을 체결한 날로부터 60일 이내에 소유권보존등기를 신청하여야 한다.

19 토지수용을 등기원인으로 한 소유권이전등기에 관하여 설명한 것이다. 다음 중 그 내용이 옳은 것은?

① 수용에 의한 소유권이전등기를 할 경우, 수용개시일 이전에 마쳐진 소유권이전등기는 등기관이 직권으로 말소여야 한다.

② 수용에 의한 소유권이전등기를 할 경우, 그 부동산을 위하여 존재하는 지역권의 등기와 토지수용위원회의 재결로 그 존속이 인정된 권리는 등기관이 직권으로 말소할 수 없다.

③ 수용으로 인한 소유권이전등기신청서에는 등기원인을 토지수용으로, 그 연월일은 수용재결일로 기록하여야 한다.

④ 수용재결의 실효를 원인으로 하는 소유권이전등기의 말소등기는 사업시행자가 단독으로 신청하여야 한다.

⑤ 수용으로 인한 등기를 신청하는 경우에는 농지취득자격증명을 등기소에 제공하여야 한다.

20 신탁등기에 관한 설명으로 옳은 것은?

① 등기관이 수탁자의 고유재산으로 된 뜻의 등기와 함께 신탁등기의 말소등기를 할 경우, 별개의 순위번호를 사용하여야 한다.

② 수익자가 수탁자를 대위하여 신탁등기를 신청할 경우, 해당 부동산에 대한 권리의 설정등기와 동시에 신청하여야 한다.

③ 신탁등기는 해당 신탁으로 인한 권리의 이전 또는 보존이나 설정등기와 함께 1건의 신청정보로 일괄하여 신청하여야 한다.

④ 수탁자가 여러 명인 경우 등기관은 신탁재산이 공유인 뜻을 등기부에 기록하여야 한다.

⑤ 신탁종료로 신탁재산에 속한 권리가 이전된 경우, 위탁자와 수탁자는 공동으로 신탁등기의 말소등기를 신청할 수 있다.

21 유증으로 인한 소유권이전등기 신청절차에 관한 설명으로 옳은 것은?

① 유증에 기한이 붙은 경우에도 등기원인일자는 유증자의 사망일을 기록하여야 한다.

② 유증으로 인한 소유권이전등기는 상속등기를 거쳐 수증자 명의로 이전등기를 신청하여야 한다.

③ 상속등기가 이미 마쳐진 경우에는 그 상속등기를 말소하고 유증자로부터 수증자 명의로 유증을 원인으로 한 소유권이전등기를 신청하여야 한다.

④ 미등기 부동산이 특정유증된 경우, 유언집행자는 상속인 명의의 소유권보존등기를 거쳐 유증으로 인한 소유권이전등기를 신청하여야 한다.

⑤ 유증으로 인한 소유권이전등기청구권보전의 가등기는 유언자가 생존 중인 경우에는 신청할 수 있지만, 유언자가 사망한 경우에는 신청할 수 없다.

22 소유권이전등기신청에 관한 설명 중 틀린 것은?

① 협의분할에 의한 상속등기를 신청하는 경우에 상속을 증명하는 서면을 첨부하여야 하지만, 등기의무자의 등기필정보는 제공할 필요가 없다.

② 상속등기를 신청하면서 상속재산분할협의서가 공정증서인 경우에는, 상속인 전원의 인감증명을 등기소에 제공하지 않아도 된다.

③ 사인증여를 원인으로 하는 소유권이전등기신청은 등기의무자인 상속인 또는 유언집행자와 등기권리자인 수증자가 공동으로 신청하여야 하며, 유언집행자가 여러 명인 경우에는 그 과반수 이상으로 등기신청을 할 수 있다.

④ 진정명의회복을 원인으로 하는 소유권이전등기를 신청하는 경우 신청정보에는 판결의 확정일을 등기원인일자로 기록하여야 한다.

⑤ 진정명의회복을 원인으로 하는 소유권이전등기를 신청할 때에는 농지취득자격증명 또는 부동산거래신고 등에 관한 법률에 의한 토지거래계약허가증 등을 모두 제출할 필요가 없다.

23 甲과 乙은 甲소유 A건물 전부에 대해 전세금 5억 원, 기간 2년으로 하는 전세권설정계약을 체결하고 공동으로 전세권설정등기를 신청하였다. 이에 관한 설명으로 틀린 것은?

① 등기관은 전세금과 설정범위를 기록하여야 한다.

② 등기관은 존속기간을 기록하여야 한다.

③ 전세권설정등기가 된 후에 건물전세권의 존속기간이 만료되어 법정갱신이 된 경우, 그 전세권에 대한 저당권설정등기를 하기 위해서는 존속기간 연장을 위한 변경등기를 하여야 한다.

④ A건물의 전세권의 존속기간이 만료된 후, 乙과 丙은 전세금반환채권의 일부 양도를 원인으로 한 전세권 일부이전등기를 신청할 수 있다.

⑤ 전세권설정등기가 된 후에 乙과 丙이 A건물의 전부에 대한 전전세계약에 따라 전전세등기를 신청하는 경우, 그 부분을 표시한 건물도면을 첨부정보로 등기소에 제공하여야 한다.

24 용익권에 관한 등기에 대한 설명으로 틀린 것은?

① 지역권설정등기는 승역지를 관할하는 등기소에 신청하여야 하고, 요역지에 관한 등기는 등기관이 직권으로 하여야 한다.

② 등기원인에 위약금약정이 있는 경우, 등기관은 전세권설정등기를 할 때 이를 기록하여야 한다.

③ 임대차의 차임지급시기에 관한 약정이 있는 경우, 임차권 등기에 이를 기록하지 않으면 그 등기는 무효이다.

④ 공유부동산에 전세권을 설정할 경우, 그 등기기록에 기록된 공유자 전원을 등기의무자로 하여야 한다.

⑤ 전세금반환채권의 일부 양도를 원인으로 하는 전세권 일부이전등기의 신청은 전세권 소멸의 증명이 없는 한, 전세권 존속기간 만료 전에는 할 수 없다.

25 저당권의 등기절차에 관한 설명으로 옳은 것은?

① 채권자가 여러 명인 경우, 채권 최고액은 채권자별로 구분하여 기록하여야 한다.

② 저당권의 이전등기를 신청하는 경우, 저당권이 채권과 같이 이전한다는 뜻을 신청정보의 내용으로 등기소에 제공하여야 한다.

③ 공동저당 부동산 중 일부의 매각대금을 먼저 배당하여 경매부동산의 후순위 저당권자가 대위등기를 할 경우, 매각대금은 기록하여야 하지만, 선순위 저당권자가 변제받은 금액은 기록할 필요가 없다.

④ 일정한 금액을 목적으로 하지 않는 채권을 담보하기 위한 저당권설정등기의 경우, 그 채권의 평가액은 기록할 필요가 없다.

⑤ 2개 이상의 부동산이 공동담보의 목적물로 제공되는 경우, 등기관은 공동담보목록을 작성하여야 한다.

26 변경등기에 관한 다음 설명 중 옳은 것은?

① 법인 아닌 사단이 법인으로 된 경우에는 등기명의인의 표시를 법인으로 변경하는 등기를 신청할 수 있다.

② 甲과 乙이 매매를 원인으로 하는 소유권이전등기를 공동신청하는 경우 첨부정보에 의하여 등기의무자의 주소변경사실이 명백한 때에는 등기명의인의 표시변경등기도 동시에 신청하여야 한다.

③ 토지의 분할, 합병으로 인한 부동산변경등기는 그 토지 소유권의 등기명의인이 그 사유가 발생한 날부터 60일 이내에 그 등기를 신청하여야 한다.

④ 건물의 구조가 변경된 경우에는 변경등기를 신청하기 전에 먼저 건축물대장의 기록사항을 변경하여야 한다.

⑤ 건물의 면적이 변경된 경우에는 부기등기로 변경등기를 하여야 한다.

27 경정등기에 관한 설명으로 틀린 것은?

① 경정등기는 등기완료 후 등기사항의 일부에 관하여 불일치(착오 또는 빠진 사항)가 발생한 경우 이를 시정하기 위하여 하는 등기이다.

② 등기관이 직권으로 경정등기를 한 경우에는 지체 없이 등기권리자와 등기의무자에게 통지하여야 한다.

③ 등기관이 직권으로 경정등기를 한 경우 등기권리자, 등기의무자가 각 2인 이상인 때에는 그 전원에게 통지하여야 한다.

④ 권리자가 甲인데도 불구하고 당사자의 신청착오로 乙명의로 등기된 경우, 그 불일치는 경정할 수 있다.

⑤ 전세권설정등기를 하기로 합의하였으나 당사자의 신청착오로 임차권으로 등기된 경우, 경정등기로 그 불일치를 시정할 수 있다.

28 등기에 관한 이해관계 있는 제3자의 첨부정보에 관한 설명으로 틀린 것은?

① 甲 소유 부동산에 대하여 乙 명의의 전세권등기를 말소하라는 판결을 받았다고 하더라도 그 판결에 의하여 전세권말소등기를 신청할 때에는 丙의 승낙서 또는 丙에게 대항할 수 있는 재판의 등본을 첨부해야 한다.

② 말소등기를 신청하는 경우, 그 말소에 대하여 등기상 이해관계 있는 제3자가 있으면 그 제3자의 승낙이 필요하다.

③ 말소된 등기의 회복을 신청하는 경우, 등기상 이해관계 있는 제3자가 있을 때에는 그 제3자의 승낙정보를 등기소에 제공하여야 한다.

④ 권리의 변경등기를 할 때 등기상 이해관계 있는 제3자가 있으면, 그 제3자의 승낙을 얻어야 한다.

⑤ 저당권의 목적이 된 소유권의 말소등기를 신청하는 경우에는 이해관계 있는 제3자인 저당권자의 승낙을 얻어야 한다.

29 주등기 방식에 의하는 것은 모두 몇 개인가?

> ㄱ. 공유물불분할특약, 환매특약, 권리소멸에 관한 약정의 등기
>
> ㄴ. 주소이전으로 인한 등기명의인표시변경등기
>
> ㄷ. 지상권(전세권)을 목적으로 하는 저당권설정등기
>
> ㄹ. 가등기상의 권리의 이전등기
>
> ㅁ. 존속기간의 만료에 따른 전세권말소등기
>
> ㅂ. 근저당권이전등기
>
> ㅅ. 부동산표시변경등기(건물의 증축, 일부멸실, 분필, 합필등기)
>
> ㅇ. 이해관계 있는 제3자의 승낙이 없는 권리의 변경등기
>
> ㅈ. 전세권의 전부말소회복등기
>
> ㅊ. 임차권을 목적으로 하는 처분금지가처분등기

① 1개   ② 2개   ③ 3개   ④ 4개   ⑤ 5개

30 등기상 이해관계 있는 제3자가 있는 경우에 그 제3자의 승낙이 없으면 주등기로 하여야 하는 것은?

① 환매특약등기

② 지상권의 이전등기

③ 등기명의인표시의 변경등기

④ 지상권을 목적으로 한 근저당권의 이전등기

⑤ 채권최고액을 증액하는 근저당권변경등기

31 가등기에 대한 다음 설명 중 틀린 것은?

① 가등기권리자는 가등기의무자의 승낙정보를 첨부하여 단독으로 신청할 수 있다.

② 가등기명의인 甲이 가등기상의 권리를 乙에게 양도하는 경우에는 부기등기로 하여야 한다.

③ 임차권설정등기청구권보전의 가등기에 의한 본등기를 마친 경우, 등기관은 가등기 후 본등기 전에 가등기와 동일한 부분에 마쳐진 용익권등기는 등기관이 직권으로 말소할 수 없다.

④ 소유권이전등기청구권보전의 가등기에 의하여 소유권이전의 본등기를 한 경우, 가등기 후 본등기 전에 마쳐진 해당 가등기상 권리를 목적으로 하는 가압류등기는 등기관이 직권으로 말소할 수 없다.

⑤ 저당권설정등기청구권보전의 가등기에 의한 본등기를 한 경우, 등기관은 가등기 후 본등기 전에 마친 제3자 명의의 용익권등기를 직권말소할 수 없다.

32 가등기에 관한 설명으로 옳은 것은?

① 가등기를 명하는 법원의 가처분명령이 있을 때에는 법원의 촉탁으로 가등기를 하여야 된다.

② 소유권이전등기청구권보전의 가등기에 의하여 소유권이전의 본등기를 한 경우, 가등기 후 본등기 전에 마쳐진 해당 가등기상 권리를 목적으로 하는 처분금지가처분등기는 등기관이 직권으로 말소한다.

③ 가등기에 의하여 보전하려는 청구권이 장래에 확정될 것인 경우에는 가등기를 할 수 없다.

④ 가등기에 관한 이해관계 있는 제3자는 가등기명의인의 승낙을 받아 가등기의 말소를 단독으로 신청할 수 있다.

⑤ 지상권설정등기청구권보전의 가등기에 의하여 지상권설정의 본등기를 한 경우, 가등기 후 본등기 전에 마쳐진 저당권설정등기는 등기관이 직권으로 말소한다.

33 가등기에 의한 본등기에 관한 다음 설명 중 틀린 것은?

① 가등기를 마친 후 가등기권자가 사망한 경우, 가등기권자의 상속인은 상속등기를 생략하고 상속인 명의의 본등기를 가등기의무자와 공동으로 신청할 수 있다.

② 저당권설정등기청구권보전가등기에 의하여 저당권설정의 본등기를 한 경우, 등기관은 가등기 후 본등기 전에 마친 제3자 명의의 용익권등기를 직권말소할 수 없다.

③ 하나의 가등기에 관하여 여러 사람의 가등기권자가 있는 경우에는, 그 중 일부의 가등기권자가 자기의 가등기 지분에 관하여 본등기를 신청할 수 있다.

④ 甲이 乙소유 토지에 대한 소유권이전청구권을 보전하기 위하여 가등기를 한 후 乙이 그 토지를 丙에게 양도한 경우, 甲의 본등기 청구의 상대방은 丙이다.

⑤ 소유권이전청구권가등기의 명의인이 소재불명이 된 경우 현 소유자는 부동산등기법 제56조에 따라 공시최고신청을 하여 제권판결을 받아 단독으로 그 가등기의 말소등기를 신청할 수 있다.

34 다음 중 등기가 가능한 것은 모두 몇 개인가?

> ㄱ. 甲소유 부동산에 대하여 채권자 乙이 신청한 가압류 또는 처분금지가처분등기
>
> ㄴ. 공유지분에 관한 전세권설정등기
>
> ㄷ. 건물의 일부에 대한 저당권설정등기
>
> ㄹ. 1필지 일부에 대한 전세권설정등기
>
> ㅁ. 부동산의 합유지분에 대한 처분금지가처분등기
>
> ㅂ. 전세권에 대한 가압류등기

① 1개　　　② 2개　　　③ 3개　　　④ 4개　　　⑤ 5개

35 등기신청의 각하 사유가 아닌 것은?

① 여러 명의 가등기권리자 중 1인이 자기의 지분 만에 관하여 본등기를 신청한 경우

② 구분건물의 전유부분과 대지사용권의 분리처분 금지에 위반한 등기를 신청한 경우

③ 저당권을 피담보채권과 분리하여 양도하거나, 피담보채권과 분리하여 다른 채권의 담보로 하는 등기를 신청한 경우

④ 이미 보존등기된 부동산에 대하여 다시 보존등기를 신청한 경우

⑤ 법령에 근거가 없는 특약사항의 등기를 신청한 경우

36 등기관이 직권말소할 수 있는 것을 모두 고르면 몇 개인가?

> ㄱ. 공용부분 취득자 甲명의의 소유권보존등기를 하는 경우 '공용부분이라는 뜻의 등기'의 말소등기
>
> ㄴ. 형사재판에서 원인무효임이 판명된 소유권이전등기의 말소등기
>
> ㄷ. 말소등기에 관한 이해관계 있는 제3자의 승낙이 있는 경우, 그 제3자 명의의 등기의 말소등기
>
> ㄹ. 취득세 또는 등록면허세가 납부되지 아니한 소유권이전등기의 말소등기
>
> ㅁ. 무권대리인에 의하여 마쳐진 소유권이전등기의 말소등기

① 1개   ② 2개   ③ 3개   ④ 4개   ⑤ 5개

37 가압류·가처분 등기에 관한 설명으로 옳은 것은?

① 소유권에 대한 가압류등기는 부기등기로 한다.

② 처분금지가처분등기가 되어 있는 토지에 대하여는 소유권이전등기를 신청할 수 없다.

③ 가압류등기의 말소등기는 등기권리자와 등기의무자가 공동으로 신청하여야 한다.

④ 부동산에 대한 처분금지가처분등기의 경우, 금전채권을 피보전권리로 기재한다.

⑤ 부동산의 공유지분에 대해서도 가압류등기가 가능하다.

38 소유권이전등기청구권을 피보전권리로 하는 가처분권자 甲이 승소판결에 의하여 소유권이전등기를 단독으로 신청하는 경우, 당해 가처분등기의 말소절차에 대한 설명으로 옳은 것은?

① 甲이 가처분의무자와 공동으로 가처분등기말소신청을 하여야 한다.

② 甲이 단독으로 소유권이전등기와 동시에 가처분등기말소를 신청할 수 있다.

③ 소유권이전등기가 마쳐지면 가처분의 목적이 달성되었으므로 甲의 말소신청여부에 관계 없이 등기관은 직권으로 가처분등기를 말소하여야 한다.

④ 甲이 소유권이전등기를 마쳤다고 하더라도 당해 가처분등기는 집행법원의 말소촉탁에 의하여 말소하여야 한다.

⑤ 당해 가처분등기라도 가처분취소판결이 확정되어야 말소할 수 있다.

39 다음 중 연결이 틀린 것은?

①	대지권의 목적인 토지의 표시 (소재, 지번, 지목, 면적)	건물 등기기록	1동건물의 표제부	신청
②	대지권의 표시(종류, 비율)	건물 등기기록	전유부분의 표제부	신청
③	소유권 또는 전세권 등이 대지권이라는 뜻의 등기	토지 등기기록	해당구	직권
④	공용부분이라는 뜻의 말소등기	건물 등기기록	전유부분의 표제부	직권
⑤	토지등기기록에 별도등기가 있다는 뜻의 등기	건물 등기기록	1동건물의 표제부	직권

40 구분건물에 관한 설명 중 틀린 것은?

① 집합건물의 등기기록에 대지권의 등기를 한 경우 등기관은 그 권리의 목적인 토지의 등기기록 중 해당 구에 대지권이라는 뜻을 직권으로 등기하여야 한다.

② 구분건물 등기기록의 경우 1동의 건물에는 표제부만 두고 전유부분에는 갑구와 을구만 둔다.

③ 소유권이 대지권이라는 뜻이 등기된 토지에 대해서는 그 토지만에 관한 저당권을 설정할 수 없다.

④ 상가건물도 일정한 요건을 갖춘 경우에는 구분소유의 목적으로 할 수 있다.

⑤ 규약상 공용부분을 등기하는 경우에는 갑구와 을구는 두지 않고 표제부만 둔다.

03 복습문제

공간정보의 구축 및 관리등에 관한 법령

01 토지의 조사 · 등록에 관한 설명으로 옳은 것은?

① 지적소관청은 모든 토지에 대하여 필지별로 소재 · 지번 · 지목 · 면적 · 경계 또는 좌표 등을 조사, 측량하여 지적공부에 등록하여야 한다.

② 지적공부에 등록하는 지번 · 지목 · 면적 · 경계 또는 좌표는 토지의 이동이 있을 때 토지 소유자의 신청을 받아 국토교통부장관이 결정한다. 다만, 신청이 없으면 국토교통부장 관이 직권으로 조사, 측량하여 결정할 수 있다.

③ 지적소관청은 토지의 이동현황을 직권으로 조사 · 측량하여 토지의 지번 · 지목 · 면적 · 경계 또는 좌표를 결정하려는 때에는 토지이동기본계획을 수립하여야 한다.

④ 토지이동현황조사계획은 시 · 도별로 수립하되, 부득이한 사유가 있는 때에는 시 · 군 · 구별로 수립할 수 있다.

⑤ 지적소관청은 토지이동현황조사 결과에 따라 토지의 지번 · 지목 · 면적 · 경계 또는 좌표 를 결정한 때에는 이에 따라 지적공부를 정리하여야 한다.

02 공간정보의 구축 및 관리 등에 관한 법령상 지번의 구성 및 부여방법에 관한 설명으로 옳은 것은?

① 지번은 북동에서 남서로 순차적으로 부여하여야 한다.

② 지적소관청은 지번을 변경할 필요가 있다고 인정하면 국토교통부장관의 승인을 받아 지번을 새로 부여할 수 있다.

③ 축척변경지역의 필지에 지번을 부여할 때에는 그 지번부여지역에서 인접토지의 본번에 부번을 붙여서 지번을 부여하여야 한다.

④ 신규등록 대상토지가 그 지번부여지역의 최종 지번의 토지에 인접하여 있는 경우에는 그 지번부여지역의 최종 본번의 다음 순번부터 본번으로 하여 순차적으로 지번을 부여 할 수 있다.

⑤ 합병 대상 지번 중 선 순위의 지번을 그 지번으로 하되, 본번으로 된 지번이 있을 때 에는 본번 중 최종 순위의 지번을 합병 후의 지번으로 한다.

03 공간정보의 구축 및 관리 등에 관한 법령상 지번의 부여방법 등에 관한 설명으로 틀린 것은?

① 도시개발사업 등이 준공되기 전에 사업시행자가 지번부여 신청을 하면 사업계획도에 따라 지번을 부여할 수 있다.

② 분할의 경우에는 분할 후의 필지 중 1필지의 지번은 분할 전의 지번으로 하고, 나머지 필지의 지번은 최종 본번 다음 순번의 본번을 순차적으로 부여하여야 한다.

③ 지적확정측량실시지역에서 부여할 수 있는 종전 지번의 수가 새로 부여할 지번의 수보다 적을 때에는 지번부여지역의 최종 본번 다음 순번부터 본번으로 하여 차례로 지번을 부여할 수 있다.

④ 합병의 경우로서 토지소유자가 합병 전의 필지에 주거·사무실 등의 건축물이 있어서 그 건축물이 위치한 지번을 합병 후의 지번으로 신청할 때에는 그 지번을 합병 후의 지번으로 부여하여야 한다.

⑤ 등록전환 대상토지가 이미 등록된 토지와 멀리 떨어져 있는 경우 그 지번부여지역의 최종 본번의 다음 순번부터 본번으로 하여 순차적으로 지번을 부여할 수 있다.

04 공간정보의 구축 및 관리 등에 관한 법령상 지번부여방법이 다른 하나는?

① 임야대장에 등록된 토지를 토지대장으로 옮겨 등록하는 경우

② 도시개발사업 등이 완료됨에 따라 지적확정측량을 실시한 지역안의 각 필지에 지번을 새로이 부여하는 경우

③ 축척변경시행지역 안의 필지에 새로이 지번을 부여하는 경우

④ 지적소관청이 지번부여지역 안의 일부 또는 전부의 지번을 변경하는 경우

⑤ 행정구역의 개편 등으로 지번을 새로이 정하는 경우

05 공간정보의 구축 및 관리 등에 관한 법령상 지목이 "대"인 것은 모두 몇 개인가?

> ㄱ. 국토의 계획 및 이용에 관한 법률 규정에 따라 택지조성공사가 준공된 토지
>
> ㄴ. 고속도로의 휴게소 부지
>
> ㄷ. 과수원 안에 있는 주거용 건축물의 부지
>
> ㄹ. 목장용지 안에 있는 주거용 건축물의 부지
>
> ㅁ. 공장용지 안에 위치한 사무실 부지
>
> ㅂ. 묘지의 관리를 위한 건축물의 부지

① 1개   ② 2개   ③ 3개   ④ 4개   ⑤ 5개

06 공간정보 구축 및 관리 등에 관한 법령상 지목에 대한 설명 중 옳은 것은?

① 수림지, 죽림지 및 암석지, 자갈땅, 모래땅, 습지, 황무지 등은 '잡종지'로 한다.

② 변전소·송신소·수신소·송유시설 등의 부지는 '주유소용지'로 한다.

③ 학교용지·공원·종교용지 등 다른 지목으로 된 토지 안에 있는 유적·고적·기념물 등을 보호하기 위하여 구획된 토지는 '사적지'로 한다.

④ 골프연습장·실내수영장 및 체육도장, 유수(流水)를 이용한 요트장 및 카누장 등의 부지는 '체육용지'로 한다.

⑤ 위락, 휴양 등에 적합한 시설물을 종합적으로 갖춘 야영장의 부지는 '잡종지'로 한다.

07 공간정보의 구축 및 관리 등에 관한 법령상 지목에 대한 설명 중 옳은 것은?

① 골프연습장·실내수영장 및 체육도장, 유수를 이용한 요트장 및 카누장 등의 토지는 '체육용지'로 한다.

② 2필지 이상에 진입하는 통로와 아파트·공장 등 단일용도의 일정한 단지 안에 설치된 통로의 지목은 '도로'로 하여야 한다.

③ 노상주차장, 부설주차장, 물류장, 야외 전시장의 지목은 '주차장'으로 한다.

④ 여객자동차터미널 등 자동차와 관련된 독립적인 시설물을 갖춘 부지 및 공항시설 및 항만시설 부지는 '주차장'으로 지목을 설정한다.

⑤ 석유, 석유제품 등의 판매를 위한 시설물의 부지, 저유소 및 원유 저장소의 부지는 '주유소용지'로 한다.

08 공간정보의 구축 및 관리 등에 관한 법령상 지목의 구분으로 옳은 것은?

① 축산업 및 낙농업을 하기 위하여 초지를 조성한 토지와 그 토지에 설치된 주거용 건축물의 부지의 지목은 '목장용지'로 한다.

② 물건 등을 보관하거나 저장하기 위하여 독립적으로 설치된 보관시설물의 부지와 이에 접속된 부속시설물의 부지의 지목은 '대'로 한다.

③ 제조업을 하고 있는 공장시설물의 부지와 같은 구역에 있는 의료시설 등 부속시설물의 부지의 지목은 '공장용지'로 한다.

④ 물을 상시적으로 직접 이용하여 벼·연(蓮)·미나리·왕골 등의 식물을 주로 재배하는 토지의 지목은 '유지'로 한다.

⑤ 용수(用水) 또는 배수(排水)를 위하여 일정한 형태를 갖춘 인공적인 수로·둑 및 그 부속 시설물의 부지의 지목은 '제방'으로 한다.

09 분할에 따른 지상경계 결정시 지상건축물을 걸리게 결정 할 수 없는 것은?

① 법원의 확정판결이 있는 경우

② 도시개발사업 등의 사업시행자가 사업지구의 경계를 결정하기 위하여 분할하고자 하는 경우

③ 토지이용상 불합리한 지상경계를 시정하기 위하여 분할하는 경우

④ 공공사업으로 인하여 학교용지 · 도로 · 철도용지 · 제방 · 하천 · 구거 · 유지 · 수도용지 등의 지목으로 되는 토지를 분할하는 경우

⑤ 「국토의 계획 및 이용에 관한 법률」의 규정에 의한 도시계획결정고시와 지형도면고시가 된 지역의 도시 · 군 관리계획선에 따라 토지를 분할하는 경우

10 공간정보의 구축 및 관리 등에 관한 법령상 지상 경계의 위치표시 및 결정 등에 관한 설명으로 옳은 것은?

① 지적소관청은 토지의 이동에 따라 지상 경계를 새로 정한 경우에는 경계점좌표등록부를 작성 · 관리하여야 한다.

② 공유수면매립지의 토지 중 제방을 토지에 편입하여 등록하는 경우에는 안쪽 어깨부분을 경계로 한다.

③ 토지의 지상 경계는 둑, 담장이나 그 밖에 구획의 목표가 될 만한 구조물 및 경계점표지 등으로 구분한다.

④ 도로 · 구거 등의 토지에 절토(땅깎기)된 부분이 있는 경우에는 그 경사면의 하단부를 경계로 한다.

⑤ 도시개발사업 등의 사업시행자가 사업지구의 경계를 결정하기 위하여 토지를 분할하는 경우, 지상 건축물을 걸리게 하여 지상 경계를 결정해서는 아니 된다.

11 공간정보의 구축 및 관리 등에 관한 법령상 지상경계점등록부의 등록사항에 해당하는 것을 모두 고르면 몇 개인가?

> ㄱ. 토지의 고유번호
>
> ㄴ. 경계점 표지의 종류 및 경계점 위치
>
> ㄷ. 경계점 위치 설명도와 경계점의 사진 파일
>
> ㄹ. 토지소유자와 인접 토지 소유자의 서명·날인
>
> ㅁ. 공부상 지목과 실제 토지이용 지목

① 1개　　② 2개　　③ 3개　　④ 4개　　⑤ 5개

12 경계점좌표등록부에 등록하는 지역에서 1필지의 면적측정을 위해 계산한 값이 1,090.45m²인 경우 토지대장에 등록할 면적으로 옳은 것은?

① 1090m²　　② 1090.4m²

③ 1090.45m²　　④ 1090.5m²

⑤ 1091m²

13 경위의측량방법에 의하여 지적확정측량을 시행하는 지역에서 1필지의 면적을 산출한 결과 1988.453m²인 경우 지적공부에 등록할 면적으로 옳은 것은?

① 1988m²　　② 1988.4m²

③ 1988.45m²　　④ 1988.5m²

⑤ 1988.46m²

14 공간정보의 구축 및 관리 등에 관한 법령상 지적공부에 등록하는 면적에 관한 설명으로 옳은 것은?

① 지적도의 축척이 600분의 1인 지역의 1필지 면적이 1제곱미터 미만일 때에는 1제곱미터로 한다.

② 지적도의 축척이 1200분의 1인 지역의 1필지 면적이 0.1제곱미터 미만일 때에는 0.1제곱미터로 한다.

③ 신규등록·등록전환을 하는 때에는 새로이 측량하여 각 필지의 면적을 정한다.

④ 합병에 따른 경계·좌표 또는 면적은 지적측량을 하여 결정한다.

⑤ 경위의측량방법으로 세부측량을 한 지역의 필지별 면적측정은 전자면적측정기에 의한다.

15 공간정보의 구축 및 관리 등에 관한 법령상 지적도의 축척에 해당하는 것을 모두 고르면 몇 개인가?

ㄱ. 1/500	ㄴ. 1/600	ㄴ. 1/2000
ㄷ. 1/2400	ㄹ. 1/3000	ㅁ. 1/6000

① 1개

② 2개

③ 3개

④ 4개

⑤ 5개

16 공인중개사 A가 토지매매를 중개하면서 매수인 B에게 설명한 지적(地籍)에 관한 다음 내용 중 옳은 것은?

① 지적도에 표기된 '590 주'는 지번이 590이고, 지목은 '주차장'이라고 설명하였다.

② 토지대장을 확인하여 인접 토지의 '경계'를 설명하였다.

③ 토지대장을 확인하여 토지의 '소유권 및 제한물권'을 설명하였다.

④ 지적도를 확인하여 토지의 '면적'을 설명하였다.

⑤ 경계점좌표등록부를 확인하여 '소재와 지번'을 설명하였다.

17 공간정보의 구축 및 관리 등에 관한 법령상 공유지연명부와 대지권등록부의 공통 등록 사항을 모두 고른 것은?

> ㄱ. 토지의 고유번호
>
> ㄴ. 건물 명칭, 전유부분의 표시, 대지권의 비율
>
> ㄷ. 소유자의 성명 또는 명칭, 주소 및 주민등록번호
>
> ㄹ. 소재 및 지번
>
> ㅁ. 소유권의 지분

① ㄱ, ㄴ, ㄷ   ② ㄱ, ㄴ, ㄷ, ㄹ   ③ ㄱ, ㄷ, ㄹ, ㅁ

④ ㄴ, ㄷ, ㄹ, ㅁ   ⑤ ㄱ, ㄴ, ㄹ, ㅁ

18 공간정보의 구축 및 관리 등에 관한 법령상 지적공부와 등록사항의 연결이 옳은 것은?

① 토지대장 – 경계와 면적

② 임야대장 – 건축물 및 구조물 등의 위치

③ 공유지연명부 – 소유권의 지분과 토지의 이동사유

④ 대지권등록부 – 대지권의 비율과 지목

⑤ 토지대장·임야대장·공유지연명부·대지권등록부 – 토지소유자가 변경된 날과 그 원인

19 공간정보의 구축 및 관리 등에 관한 법령상 지적기준점성과와 지적기준점성과의 열람 및 등본 발급 신청기관의 연결이 옳은 것은?

① 지적삼각점성과 – 시·도지사 또는 지적소관청

② 지적삼각보조점성과 – 시·도지사

③ 지적삼각보조점성과 – 지적측량수행자

④ 지적도근점성과 – 시·도지사 또는 지적소관청

⑤ 지적도근점성과 – 한국국토정보공사

20 공간정보의 구축 및 관리 등에 관한 법령상 경계점좌표등록부를 갖춰 두는 지역의 지적도가 아래와 같은 경우 이에 관한 설명으로 옳은 것은?

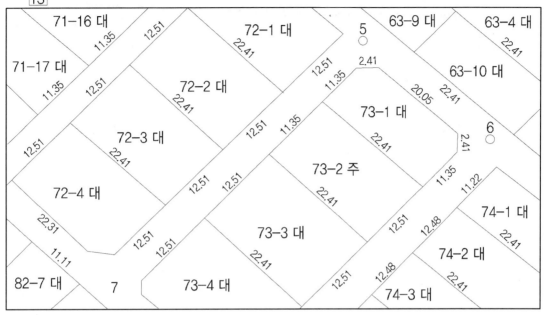

00시 00동 지적도(좌표) 20장 중 제8호 축척 500분의 1

① 위 지적도에 등록된 토지의 면적측정은 전자면적측정기에 의한다.

② 위 지적도에 등록된 토지의 면적은 제곱미터 이하 한자리 단위로 결정한다.

③ 위 지적도에 등록된 토지의 경계복원측량은 평판측량 또는 전자평판측량방법으로 하여야 한다.

④ 도곽선 오른쪽 아래 끝에 '이 도면으로 측량할 수 없음'이라고 기록하여야 한다.

⑤ 위 지적도에 등록된 72-1번지 토지의 경계선상에 등록된 '22.41'은 좌표에 의하여 계산된 경계점간의 각도를 나타낸다.

21 공간정보의 구축 및 관리 등에 관한 법령상 지적공부의 보존 및 보관방법 등에 관한 설명으로 틀린 것은? (단, 정보처리시스템을 통하여 기록·저장한 지적공부는 제외함)

① 지적공부를 정보처리시스템을 통하여 기록·저장한 경우 관할 시·도지사, 시장·군수 또는 구청장은 그 지적공부를 지적정보관리체계에 영구히 보존하여야 한다.

② 국토교통부장관의 승인을 받은 경우 지적공부를 해당 청사 밖으로 반출할 수 있다.

③ 지적서고는 지적사무를 처리하는 사무실과 연접(連接)하여 설치하여야 한다.

④ 지적소관청은 해당 청사에 지적서고를 설치하고 그 곳에 지적공부를 영구히 보존하여야 한다.

⑤ 카드로 된 토지대장·임야대장·공유지연명부·대지권등록부 및 경계점좌표등록부는 100장 단위로 바인더(binder)에 넣어 보관하여야 한다.

22 공간정보의 구축 및 관리 등에 관한 법령상 지적공부의 보존 등에 관한 설명으로 옳은 것을 모두 고른 것은?

> ㄱ. 지적서고는 지적사무를 처리하는 사무실과 연접(連接)하여 설치하여야 한다.
>
> ㄴ. 지적소관청은 천재지변이나 그 밖에 이에 준하는 재난을 피하기 위하여 필요한 경우에는 지적공부를 해당 청사 밖으로 반출할 수 있다.
>
> ㄷ. 카드로 된 토지대장·임야대장 등은 200장 단위로 바인더(binder)에 넣어 보관하여야 한다.
>
> ㄹ. 지적공부를 정보처리시스템을 통하여 기록·저장한 경우 관할 시·도지사, 시장·군수 또는 구청장은 그 지적공부를 지적정보관리체계에 영구히 보존하여야 한다.

① ㄱ, ㄷ

② ㄴ, ㄹ

③ ㄷ, ㄹ

④ ㄱ, ㄴ, ㄷ

⑤ ㄱ, ㄴ, ㄹ

23 공간정보의 구축 및 관리 등에 관한 법령상 지적공부의 관리 등에 관한 설명으로 옳은 것은?

① 지적공부를 복구할 때에는 멸실·훼손 당시의 지적공부와 가장 부합된다고 인정되는 관계 자료에 따라 토지의 표시에 관한 사항을 복구하여야 한다. 다만, 소유자에 관한 사항은 지적소관청이 직접 조사하여 등록하여야 한다.

② 지적공부의 등본, 개별공시지가 자료, 지적측량의뢰서, 법원의 확정판결서 정본 또는 사본은 지적공부의 토지표시에 관한 복구자료에 해당한다.

③ 정보처리시스템을 통하여 기록·저장된 지적공부를 열람하거나 그 등본을 발급받으려는 경우에는 시·도지사, 시장·군수 또는 구청장이나 읍·면·동의 장에게 신청할 수 있다.

④ 토지소유자가 자기 토지에 대한 지적전산자료를 신청하거나, 토지소유자가 사망하여 그 상속인이 피상속인의 토지에 대한 지적전산자료를 신청하는 경우에는 관계 중앙행정기관의 심사를 받지 아니할 수 있다.

⑤ 지적소관청은 지적공부의 전부 또는 일부가 멸실되거나 훼손되어 이를 복구하고자 하는 경우에는 시·도지사 또는 대도시 시장의 승인을 받아야 한다.

24 공간정보의 구축 및 관리 등에 관한 법령상 부동산종합공부의 등록사항에 해당하지 않는 것은?

① 토지의 표시와 소유자에 관한 사항 : 「공간정보의 구축 및 관리 등에 관한 법률」에 따른 지적공부의 내용

② 건축물의 표시와 소유자에 관한 사항(토지에 건축물이 있는 경우만 해당한다) : 「건축법」에 따른 건축물대장의 내용

③ 토지의 이용 및 규제에 관한 사항 : 「토지이용규제 기본법」에 따른 토지이용계획확인서의 내용

④ 부동산의 보상에 관한 사항 : 「공익사업을 위한 토지 등의 취득 및 보상에 관한 법률」에 따른 부동산의 보상 가격 내용

⑤ 부동산의 가격에 관한 사항 : 「부동산 가격공시 및 감정평가에 관한 법률」에 따른 개별공시지가, 개별주택가격 및 공동주택가격 공시내용

25 공간정보의 구축 및 관리 등에 관한 법령상 부동산종합공부에 관한 설명이다. 틀린 것은 모두 몇 개인가?

> ㄱ. 지적소관청은 부동산종합공부에 등록되는 사항을 관리하는 기관의 장에게 관련자료의 제출을 요구할 수 있다.
>
> ㄴ. 부동산종합공부의 등록사항을 관리하는 기관의 장은 지적소관청에 상시적으로 관련정보를 제공하여야 한다.
>
> ㄷ. 지적소관청은 부동산종합공부의 불일치 등록사항에 대해서는 등록사항을 정정하고, 등록사항을 관리하는 기관의 장에게 그 내용을 통지하여야 한다.
>
> ㄹ. 토지소유자는 부동산종합공부의 등록사항에 잘못이 있음을 발견하면 지적소관청 또는 읍·면·동의 장에게 그 정정을 신청할 수 있다.
>
> ㅁ. 부동산종합공부를 열람하거나 기록사항의 전부 또는 일부에 관한 증명서를 발급받으려는 자는 지적소관청 또는 읍·면·동의 장에게 신청할 수 있다.

① 1개　　　② 2개　　　③ 3개　　　④ 4개　　　⑤ 5개

26 공간정보의 구축 및 관리 등에 관한 법령상 시·도지사 또는 대도시의 시장의 승인을 얻어야 하는 것은?

> ㄱ. 지적공부의 반출
>
> ㄴ. 지적전산정보자료의 이용
>
> ㄷ. 지적공부의 복구
>
> ㄹ. 지번변경
>
> ㅁ. 축척변경

① 1개　　　② 2개　　　③ 3개　　　④ 4개　　　⑤ 5개

27 **지적전산자료**(연속지적도를 포함한다)**의 이용 및 활용에 관한 내용이다. 틀린 것은?**

① 지적공부에 관한 전산자료(지적전산자료)를 이용·활용하고자 하는 자는 관계 중앙행정기관의 심사를 거쳐야 한다.

② 시·도 단위의 지적전산자료를 이용하려는 자는 시·도지사 또는 지적소관청에게 신청하여야 한다.

③ 시·군·구 단위의 지적전산자료를 이용하려는 자는 지적소관청에게 신청하여야 한다.

④ 중앙행정기관의 장, 그 소속 기관의 장이 지적전산자료를 신청하는 경우에는 중앙행정기관의 심사를 받지 아니할 수 있다.

⑤ 토지소유자가 사망하여 그 상속인이 피상속인의 토지에 대한 지적전산자료를 신청하는 경우에는 관계 중앙행정기관의 심사를 받아야 한다.

28 **공간정보의 구축 및 관리 등에 관한 법령상 연속지적도의 관리 등에 관한 내용으로 틀린 것은?**

① "연속지적도"란 지적측량을 하지 아니하고 전산화된 지적도 및 임야도 파일을 이용하여, 도면상 경계점들을 연결하여 작성한 도면으로서 **측량에 활용할 수 없는 도면**을 말한다.

② 국토교통부장관은 연속지적도의 관리 및 정비에 관한 **정책**을 **수립·시행**하여야 한다.

③ 국토교통부장관은 연속지적도를 체계적으로 관리하기 위하여 연속지적도 **정보관리체계**를 **구축·운영**할 수 있다.

④ 국토교통부장관은 지적도·임야도에 등록된 사항에 대하여 토지의 이동 또는 **오류사항**을 **정비**한 때에는 이를 연속지적도에 **반영**하여야 한다.

⑤ 국토교통부장관 또는 지적소관청은 연속지적도 정보관리체계의 구축·운영에 관한 **업무**를 법인, 단체 또는 기관에 **위탁**할 수 있다.

29 공간정보의 구축 및 관리 등에 관한 법령상 토지이동과 관련된 다음 설명 중 틀린 것은?

① 산지관리법에 따른 산지전용허가·신고, 산지일시사용허가·신고, 건축법에 따른 건축허가·신고 또는 그 밖의 관계 법령에 따른 개발행위 허가 등을 받은 경우에 토지소유자는 등록전환을 신청할 수 있다.

② 토지소유자의 신청에 의하여 신규등록을 한 경우 지적소관청은 등기관서에 그 변경사항에 관한 등기를 촉탁할 필요가 없다.

③ 1필지의 일부가 용도가 다르게 된 경우에는 토지소유자는 60일 이내에 지적소관청에 분할신청과 함께 지목변경을 신청하여야 한다.

④ 신규등록하는 경우 소유권에 관한 증명서면으로 법원의 확정판결, 준공검사확인증, 등기완료통지서 등을 첨부하여야 한다.

⑤ 토지소유자는 도로, 제방, 하천, 구거 등의 지목으로서 연접하여 있으나 구획 내에 2필지 이상으로 등록된 경우, 그 사유가 발생한 날부터 60일 이내에 지적소관청에 합병을 신청하여야 한다.

30 임야대장등록지의 토지를 토지대장등록지의 토지로 옮겨 등록하는 등록전환에 관련된 설명으로 틀린 것은?

① 토지소유자는 등록전환 사유가 발생한 날부터 60일 이내에 지적소관청에 신청하며, 등록전환 대상토지는 이미 등록된 인접토지와 동일한 축척으로 등록한다.

② 대부분의 토지가 등록전환되어 나머지 토지가 임야대장등록지에 계속 존치할 필요가 없는 경우, 토지소유자는 등록전환을 신청할 수 있다.

③ 도시·군관리계획선에 따라 토지를 분할하는 경우에는 등록전환을 신청할 수 있다.

④ 임야대장의 면적과 등록전환될 면적 차이가 법령에 규정된 허용범위를 초과하는 경우에는 임야대장의 면적 또는 임야도의 경계를 지적소관청이 직권으로 정정하여야 한다.

⑤ 등록전환에 따른 면적을 정할 때 임야대장의 면적과 등록전환될 면적의 차이가 오차의 허용범위 이내인 경우, 임야대장의 면적을 등록전환면적으로 결정한다.

31 공간정보의 구축 및 관리 등에 관한 법령상 토지의 분할에 관한 설명으로 틀린 것은?

① 토지를 분할하는 경우 주거·사무실 등의 건축물이 있는 필지에 대하여는 분할 전의 지번을 우선하여 부여하여야 한다.

② 토지의 매매를 위하여 필요한 경우에는 분할을 신청할 수 있다.

③ 토지이용상 불합리한 지상 경계를 시정하기 위한 경우에는 분할을 신청할 수 있다.

④ 도시개발사업 등의 사업시행자가 사업지구의 경계를 결정하기 위하여 토지를 분할하는 경우에는 지상 건축물을 걸리게 하여 경계를 결정하여서는 아니 된다.

⑤ 지적공부에 등록된 1필지의 일부가 관계 법령에 따른 형질변경 등으로 용도가 다르게 된 때에는 지적소관청에 토지의 분할을 신청하여야 한다.

32 甲토지에 乙토지를 합병하여 토지의 합필등기를 신청하고자 한다. 다음 중 합필등기를 할 수 없는 것은?

① 甲토지와 乙토지 모두에 등기법 제81조 제1항의 등기사항이 같은 신탁등기가 있는 경우

② 甲토지에는 전세권설정등기, 乙토지에는 임차권설정등기가 있는 경우

③ 甲토지와 乙토지 모두에 등기원인 및 그 연월일과 접수번호가 동일한 전세권등기가 있는 경우

④ 甲토지와 乙토지에 모두 가압류등기가 있고, 등기원인 및 그 연월일과 접수번호가 서로 같은 경우

⑤ 甲토지와 乙토지에 모두 근저당권설정등기가 있고, 등기원인 및 그 연월일과 접수번호가 서로 같은 경우

33 공간정보의 구축 및 관리 등에 관한 법령상 토지의 이동신청에 관한 설명으로 틀린 것은?

① 토지소유자는 「주택법」에 따른 공동주택의 부지로서 합병할 토지가 있으면 그 사유가 발생한 날부터 60일 이내에 지적소관청에 합병을 신청하여야 한다.

② 공유수면매립 준공에 의하여 신규등록할 토지가 있는 경우 토지소유자는 그 사유가 발생한 날부터 60일 이내에 관청에 신규등록을 신청하여야 한다.

③ 임야도에 등록된 토지를 도시·군 관리계획선에 따라 분할하는 경우 토지소유자는 등록전환을 신청할 수 있다.

④ 토지소유자는 토지나 건축물의 용도가 변경되어 지목변경을 하여야 할 토지가 있으면 그 사유가 발생한 날부터 60일 이내에 지적소관청에 지목변경을 신청하여야 한다.

⑤ 바다로 되어 말소된 토지가 지형의 변화 등으로 다시 토지가 된 경우 토지소유자는 그 사유가 발생한 날부터 90일 이내에 토지의 회복등록을 지적소관청에 신청하여야 한다.

34 지적공부의 등록사항에 오류가 있는 경우 지적소관청의 직권으로 정정할 수 있는 사항은?

① 지적도에 등록된 필지의 경계가 지상 경계와 일치하지 않아 면적의 증감이 있는 경우
② 토지이용계획확인서 내용과 다르게 정리된 경우
③ 지적측량을 잘못한 경우
④ 임야대장의 면적과 등록전환될 면적의 차이가 허용범위 이내인 경우
⑤ 지적위원회의 의결서 내용에 따라 등록사항을 정정하여야 하는 경우

35 공간정보의 구축 및 관리 등에 관한 법령상 지적공부의 등록사항정정에 관한 설명으로 틀린 것은?

① 지적도 및 임야도에 등록된 필지가 면적의 증감 없이 경계의 위치만 잘못 등록된 경우 지적소관청이 직권으로 조사·측량하여 정정할 수 있다.
② 토지소유자가 경계 또는 면적의 변경을 가져오는 등록사항에 대한 정정신청을 하는 때에는 정정사유를 기재한 신청서에 등록사항정정측량성과도를 첨부하여 지적소관청에 제출하여야 한다.
③ 등기된 토지의 지적공부 등록사항정정 내용이 토지의 표시에 관한 사항인 경우 등기필정보, 등기사항증명서 또는 등기관서에서 제공한 등기전산정보자료, 등기신청접수증에 따라 정정하여야 한다.
④ 등록사항정정 신청사항이 미등기 토지의 소유자 성명에 관한 사항으로서 명백히 잘못 기재된 경우에는 가족관계기록사항에 관한 증명서에 따라 정정할 수 있다.
⑤ 등록사항 정정 대상 토지에 대한 대장을 열람하게 하거나 등본을 발급하는 때에는 등록사항 정정 대상토지라고 적은 부분을 흑백의 반전(反轉)으로 표시하거나 붉은색으로 적어야 한다.

36 공간정보의 구축 및 관리 등에 관한 법령상 축척변경에 관한 설명이다. (   )안에 들어
갈 내용으로 옳은 것은?

> • 지적소관청은 축척변경을 하려면 축척변경 시행지역의 토지소유자 (㉠)의 동의를
> 받아 축척변경위원회의 의결을 거친 후 (㉡)의 승인을 받아야 한다.
> • 축척변경 시행지역의 토지소유자 또는 점유자는 시행공고일부터 (㉢) 이내에 시행
> 공고일 현재 점유하고 있는 경계에 경계점표지를 설치하여야 한다.
> • 지적소관청은 청산금에 관한 수령통지를 한 날부터 (㉣) 이내에 청산금을 내야
> 한다.

	㉠	㉡	㉢	㉣
①	2분의 1 이상	국토교통부장관	30일	1개월
②	2분의 1 이상	시·도지사 또는 대도시 시장	60일	3개월
③	2분의 1 이상	국토교통부장관	60일	3개월
④	3분의 2 이상	시·도지사 또는 대도시 시장	30일	6개월
⑤	3분의 2 이상	국토교통부장관	60일	6개월

37 공간정보의 구축 및 관리 등에 관한 법령상 축척변경위원회의 심의·의결사항으로 틀린 것은?
① 지번별 제곱미터당 금액의 결정에 관한 사항
② 축척변경 승인에 관한 사항
③ 청산금의 산정에 관한 사항
④ 청산금의 이의신청에 관한 사항
⑤ 축척변경 시행계획에 관한 사항

38 도시개발사업 등의 시행지역에서 토지이동의 신청에 관한 설명으로 옳은 것은?

① 「농어촌정비법」에 따른 농어촌정비사업의 시행자는 그 사업의 착수·변경 및 완료 사실을 시·도지사에게 신고하여야 한다.

② 도시개발사업 등의 착수·변경 또는 완료사실의 신고는 그 사유가 발생한 날부터 20일 내에 지적소관청에 하여야 한다.

③ 주택건설사업의 시행자가 파산 등의 이유로 토지이동신청을 할 수 없는 때에는 그 주택의 시공을 보증한 자 또는 입주예정자가 신청할 수 있다.

④ 「주택법」에 따른 주택건설사업의 시행자가 파산 등의 이유로 토지의 이동 신청을 할 수 없을 때에는 토지소유자가 신청할 수 있다

⑤ 도시개발사업 등으로 인한 토지의 이동은 토지의 형질변경 등의 공사가 착수된 때 그 이동이 있는 것으로 본다.

39 공간정보 구축 및 관리 등에 관한 법령상 토지소유자의 정리 등에 관한 설명으로 틀린 것은?

> ㄱ. 지적소관청은 등기부에 적혀 있는 토지의 표시가 지적공부와 일치하지 아니하면 토지소유자를 정리한 후, 그 뜻을 관할 등기관서에 통지하여야 한다.
>
> ㄴ. 토지소유자의 변동 등에 따른 지적공부를 정리하려는 경우에는 토지이동정리결의서를 작성하여 지적공부를 정리하여야 한다.
>
> ㄷ. 지적공부에 신규등록하는 토지의 소유자에 관한 사항은 등기관서에서 등기한 것을 증명하는 등기필증, 등기완료통지서, 등기사항증명서 또는 등기관서에서 제공한 등기전산정보자료에 따라 정리한다.
>
> ㄹ. 지적소관청은 필요하다고 인정하는 경우에는 관할 등기관서의 등기부를 열람하여 지적공부와 부동산등기부가 일치하는지 여부를 조사·확인하여야 한다.
>
> ㅁ. 지적소관청 소속 공무원이 지적공부와 부동산등기부의 부합 여부를 확인하기 위하여 등기전산정보자료의 제공을 요청하는 경우 그 수수료는 무료로 한다.

① 1개 　　　② 2개 　　　③ 3개 　　　④ 4개 　　　⑤ 5개

40 **공간정보의 구축 및 관리 등에 관한 법령상 지적측량을 실시하여야 할 대상으로 틀린 것은?**

① 「지적재조사에 관한 특별법」에 따른 지적재조사사업에 따라 토지의 이동이 있는 경우로서 측량을 할 필요가 있는 경우

② 지적측량수행자가 실시한 측량성과에 대하여 지적소관청이 검사를 위해 필요한 경우

③ 연속지적도에 있는 경계점을 지상에 표시하기 위해 측량을 하는 경우

④ 지상건축물 등의 현황을 지적도 및 임야도에 등록된 경계와 대비하여 표시하기 위해 측량을 할 필요가 있는 경우

⑤ 도시개발사업 등으로 인한 토지의 이동시 측량을 할 필요가 있는 경우

41 **공간정보의 구축 및 관리 등에 관한 법령상 지적측량을 하여야 하는 경우가 아닌 것은?**

① 지적측량성과를 검사하는 경우

② 경계점을 지상에 복원하는 경우

③ 지상건축물 등의 현황을 지적도 및 임야도에 등록된 경계와 대비하여 표시하는 데에 필요한 경우

④ 위성기준점 및 공공기준점을 설치하는 경우

⑤ 바다가 된 토지의 등록을 말소하는 경우로서 지적측량을 할 필요가 있는 경우

42 **공간정보의 구축 및 관리 등에 관한 법령상 토지소유자 등 이해관계인이 지적측량수행자에게 지적측량을 의뢰하여야 하는 경우가 아닌 것을 모두 고른 것은?** (단, 지적측량을 할 필요가 있는 경우임)

> ㄱ. 지적측량성과를 검사하는 경우
>
> ㄴ. 토지를 등록전환하는 경우
>
> ㄷ. 축척을 변경하는 경우
>
> ㄹ. 「지적재조사에 관한 특별법」에 따른 지적재조사사업에 따라 토지의 이동이 있는 경우

① ㄱ, ㄴ

② ㄱ, ㄹ

③ ㄷ, ㄹ

④ ㄱ, ㄴ, ㄷ

⑤ ㄴ, ㄷ, ㄹ

43 지방지적위원회의 심의 · 의결사항으로 옳은 것은?

① 지적측량에 대한 적부심사(適否審査) 청구사항

② 지적측량기술의 연구 · 개발 및 보급에 관한 사항

③ 지적 관련 정책 개발 및 업무 개선 등에 관한 사항

④ 지적기술자의 업무정지 처분 및 징계요구에 관한 사항

⑤ 지적분야 측량기술자의 양성에 관한 사항

44 중앙지적위원회의 심의 · 의결사항으로 틀린 것은?

① 지적기술자의 양성에 관한 사항

② 지적측량기술의 연구 · 개발 및 보급에 관한 사항

③ 지적재조사 기본계획의 수립 및 변경에 관한 사항

④ 지적 관련 정책 개발 및 업무 개선 등에 관한 사항

⑤ 지적기술자의 업무정지 처분 및 징계요구에 관한 사항

부동산등기법

01 등기신청적격에 관한 설명으로 틀린 것은?

① 외국인은 법령이나 조약의 제한이 없는 한 자기 명의로 등기신청을 하고 등기명의인이 될 수 있다.

② 사립대학이 부동산을 기증받은 경우에도, 학교 명의로 소유권이전등기를 할 수 없다.

③ 민법상 조합 명의로 등기를 신청할 수 없으므로, 조합원 전원 명의로 합유등기를 신청하여야 한다.

④ 법인 아닌 사단·재단에 속하는 부동산에 관한 등기는 그 사단·재단의 대표자 명의로 신청할 수 있다.

⑤ 동(洞) 명의로 동민들이 법인 아닌 사단을 설립한 경우에는 그 대표자가 동 명의로 등기신청을 할 수 있다.

02 확정판결에 의한 소유권이전등기신청과 관련된 내용이다. 옳은 것은?

① 승소한 등기권리자는 등기의무자의 등기필정보를 등기소에 제공하여야 한다.

② 소유권이전등기말소청구의 소를 제기하여 승소판결을 받은 자가 그 판결에 의한 등기신청을 하지 아니하는 경우, 패소한 등기의무자가 그 판결에 기하여 직접 말소등기를 신청하거나 대위등기를 할 수 있다.

③ 소유권이전등기의 이행판결에 가집행이 붙은 경우, 판결이 확정되지 아니하여도 가집행선고에 의한 소유권이전등기를 신청할 수 있다.

④ 확정된 지 10년이 경과하여 그 소멸시효가 완성된 경우에는 그 판결에 따른 등기신청을 할 수 없다.

⑤ 공유물분할판결이 확정되면 등기의무자가 그에 따른 등기를 단독으로 신청할 수 있다.

03 다음 중 단독으로 신청할 수 있는 등기만을 열거한 것은?

① 부동산표시변경등기, 법인의 합병으로 인한 소유권이전등기, 사인증여를 원인으로 한 소유권이전등기

② 상속으로 인한 소유권이전등기, 신탁등기의 말소등기, 포괄유증으로 인한 소유권이전등기

③ 신탁등기의 말소등기, 소유권보존등기의 말소등기, 등기명의인표시변경등기

④ 소유권보존등기, 수용에 인한 소유권이전등기, 특정유증에 의한 소유권이전등기

⑤ 소유권보존등기의 말소등기, 신탁등기, 공공용지의 협의취득을 원인으로 한 소유권이전등기

04 등기권리자 또는 등기명의인이 단독으로 신청하는 등기에 관한 설명으로 틀린 것을 모두 고른 것은?

> ㄱ. 등기명의인표시변경등기는 해당 권리의 등기명의인이 단독으로 신청할 수 있다.
>
> ㄴ. 수용으로 인한 소유권이전등기를 하는 경우, 등기권리자는 그 목적물에 설정되어 있는 근저당권설정등기의 말소등기를 단독으로 신청하여야 한다.
>
> ㄷ. 이행판결에 의한 등기는 승소한 등기권리자가 단독으로 신청할 수 있다.
>
> ㄹ. 말소등기에 관한 이해관계 있는 제3자의 승낙이 있는 경우, 그 제3자 명의의 등기는 등기권리자가 단독으로 말소신청하여야 한다.
>
> ㅁ. 등기의 말소를 공동으로 신청해야 하는 경우, 등기의무자의 소재불명으로 제권판결을 받으면 등기권리자는 그 사실을 증명하여 단독으로 등기의 말소를 신청할 수 있다.

① ㄱ, ㄷ   ② ㄱ, ㄹ   ③ ㄴ, ㄹ
④ ㄴ, ㅁ   ⑤ ㄷ, ㅁ

05 매도인 甲과 매수인 乙이 매매계약을 체결한 후, 등기신청을 하지 않고 있던 중 甲이 사망하였다. 이 때 甲의 단독 상속인 丙과 乙의 소유권이전등기 신청절차에 관한 다음 설명 중 틀린 것은?

① 丙과 乙이 소유권이전등기를 공동신청하는 경우에는 등기의무자의 등기필정보를 등기소에 제공하여야 한다.

② 丙은 자신 명의의 상속등기를 마친 후 乙명의의 소유권이전등기를 공동신청하여야 한다.

③ 丙과 乙이 소유권이전등기를 공동신청하는 경우, 매매계약서를 등기소에 제공하여야 한다.

④ 丙은 가족관계증명서를 첨부정보로 등기소에 제공하여야 한다.

⑤ 乙은 丙을 상대로 이행을 명하는 판결에 의하여 소유권이전등기를 단독으로 신청할 수 있다.

06 甲소유의 부동산에 대하여 甲 ➜ 乙 ➜ 丙 순으로 매매계약이 이루어진 후, 채권자 丙이 채무자 乙을 대위하여 등기신청하는 경우에 관한 설명으로 옳은 것을 모두 고른 것은?

> ㄱ. 대위신청에 따른 등기를 마친 경우, 등기관은 乙에게 등기필정보를 통지하여야 한다.
>
> ㄴ. 대위신청에 따른 등기를 마친 경우, 등기관은 丙에게 등기완료통지를 하여야 한다.
>
> ㄷ. 대위등기신청에서 등기의무자는 甲이고, 등기권리자는 丙이다.
>
> ㄹ. 대위등기를 신청할 때 대위원인을 증명하는 정보를 첨부하여야 한다.

① 없음   ② 1개   ③ 2개   ④ 3개   ⑤ 4개

07 부동산등기법이 절차상 필요에 의하여 인정하고 있는 대위등기에 관한 다음 설명 중 옳은 것은?

① 甲이 그 소유 부동산을 乙에게 매도하고 사망한 경우, 甲의 단독 상속인 丙은 자신 앞으로 상속등기를 마친 후 乙명의로 소유권이전등기를 하여야 한다.

② 1동의 건물에 속하는 구분건물 중 일부만에 관하여 소유권보존등기를 신청하면서 나머지 구분건물의 표시에 관한 등기를 동시에 신청하는 경우, 구분건물의 소유자는 1동에 속하는 다른 구분건물의 소유자를 대위하여 그 건물의 소유권보존등기를 신청할 수 있다.

③ 건물이 멸실된 경우, 그 건물소유권의 등기명의인이 1개월 이내에 멸실등기 신청을 하지 않으면 그 건물대지의 소유자가 그 건물소유권의 등기명의인을 대위하여 멸실등기를 신청할 수 있다.

④ 상속인이 상속포기를 할 수 있는 기간 중에는 상속인의 채권자가 대위권을 행사하여 상속등기를 신청할 수 없다.

⑤ 신탁등기의 말소등기는 수익자나 위탁자가 수탁자를 대위하여 그 등기를 신청할 수 없다.

08 소유권이전등기의 신청정보에 관한 설명이다. 틀린 것은?

① 토지수용에 의한 소유권이전등기를 신청하는 경우에는 등기의무자의 등기필정보를 등기소에 제공하지 않아도 된다.

② 상속이나 유증을 원인으로 하는 소유권이전등기를 신청하는 경우에는 등기의무자의 등기필정보를 등기소에 제공할 필요가 없다.

③ 승소한 등기권리자가 단독으로 판결에 의한 소유권이전등기를 신청하는 경우, 등기의무자의 권리에 관한 등기필정보를 제공할 필요가 없다.

④ 등기관이 소유권의 일부에 관한 이전등기를 할 때에는 이전되는 지분을 기록하여야 하고, 그 등기원인에 분할금지약정이 있을 때에는 그 약정에 관한 사항도 기록하여야 한다.

⑤ 합유등기의 경우에는 신청정보에 합유자의 지분을 기록하여 등기소에 제공할 필요가 없다.

09 합유등기에 관한 설명이다. 틀린 것은?

① 합유등기를 하는 경우, 신청정보에 합유자의 지분비율을 기록하지 않는다.

② 민법상 조합의 소유인 부동산을 등기할 경우, 조합원 전원의 명의로 합유등기를 하여야 한다.

③ 합유자 중 1인이 다른 합유자 전원의 동의를 얻어 합유지분을 처분하는 경우, 합유명의인변경등기를 신청하여야 한다.

④ 2인의 합유자 중 1인이 사망한 경우, 잔존 합유자는 그의 단독 소유로 합유명의인변경등기를 신청할 수 있다.

⑤ 부동산의 합유지분에 대한 가압류등기는 할 수 있다.

10 등기신청시 등기소에 제공하여야 할 신청정보 및 첨부정보에 관한 설명이다. 옳은 것은?

①	매매에 의한 소유권이전등기	등기의무자의 등기필정보 매매계약서 매도인과 매수인의 주소증명정보
②	상속에 의한 소유권이전등기	등기의무자의 등기필정보 상속재산분할협의서 및 상속인 전원의 인감증명 가족관계증명서, 기본증명서
③	1필지 전부에 대한 전세권설정등기	전세권설정계약서 도면
④	소유권보존등기	대장정보 주소증명정보 토지거래허가정보 농지취득자격증명정보
⑤	소유권이전청구권가등기	토지거래허가정보 농지취득자격증명정보

11 전산정보처리조직에 의한 등기절차에 관한 설명 중 옳은 것은?

① 법인 아닌 사단이나 재단의 대표자나 관리인은 대리인에게 위임하지 않고 그 사단이나 재단 명의로 직접 전자신청을 할 수 있다.

② 사용자등록의 유효기간은 3년이며, 유효기간 만료일 6개월 전부터 만료일까지 그 유효기간의 연장을 신청할 수 있다.

③ 자연인은 모두 전자신청을 할 수 있으므로, 외국인도 아무런 제한 없이 전자신청을 할 수 있다.

④ 전자표준양식에 의한 등기신청의 경우, 자격자대리인이 아닌 자는 타인을 대리하여 등기를 신청할 수 없다.

⑤ 전자신청의 대리는 자격자대리인만이 할 수 있으므로, 자격자대리인이 아닌 경우에는 자기 사건이라 하더라도 상대방을 대리하여 전자신청을 할 수 없다.

12 등기를 마친 경우 등기필정보를 작성하여 통지하여야 하는 등기는 모두 몇 개인가?

ㄱ. 등기관의 직권에 의한 소유권보존등기
ㄴ. 매도인과 매수인이 공동신청한 소유권이전등기
ㄷ. 채권자대위에 의한 소유권이전등기
ㄹ. 승소한 등기의무자가 신청한 소유권이전등기
ㅁ. 매매계약 해제로 인한 소유권의 말소등기
ㅂ. 관공서의 촉탁등기

---

① 1개　　　② 2개　　　③ 3개　　　④ 4개　　　⑤ 5개

13 등기필정보의 작성 및 통지에 관한 다음 설명 중 틀린 것은?

① 등기필정보의 통지를 원하지 않거나 3개월 이내에 인터넷등기소에서 전송받지 않거나 수령하지 않는 경우에는 등기필정보를 통지하지 않는다.

② 권리자를 추가하는 변경등기를 마친 경우에는 등기필정보를 작성하여 통지하여야 한다.

③ 등기관이 법원의 촉탁에 따라 가압류등기를 하기 위해 직권으로 소유권보존등기를 한 경우, 소유자에게 등기필정보를 통지하지 않는다.

④ 법정대리인이 등기를 신청하여 본인이 새로운 권리자가 된 경우, 등기필정보는 특별한 사정이 없는 한 본인에게 통지하여야 한다.

⑤ 관공서가 등기권리자를 위하여 소유권이전등기를 촉탁한 경우에는 등기필정보통지서를 관공서에 직접 송달할 수 있으며, 이 경우 관공서는 밀봉된 등기필정보통지서를 뜯지 않은 채 그대로 등기권리자에게 교부한다.

14 등기관의 처분에 대한 이의절차에 관한 설명으로 틀린 것은?

① 등기관의 처분에 대한 이의에는 집행정지의 효력이 없지만, 등기관의 처분 또는 결정이 있었던 날부터 60일 이내에 이의신청을 하여야 한다.

② 등기관의 결정 또는 처분이 부당하여 이의신청을 하는 경우에는 등기신청서의 제출시를 기준으로 그 때까지 주장하거나 제출되지 아니한 사실이나 증거방법으로써 이의사유를 삼을 수 없다.

③ 관할 지방법원은 이의신청에 대하여 결정하기 전에 등기관에게 이의가 있다는 뜻의 부기등기를 명령할 수 있다.

④ 이의신청에 대하여 등기관이 이의가 이유없다고 인정한 경우에는 이의신청일로부터 3일 이내에 의견을 붙여 이의신청서를 관할 지방법원에 보내야 한다.

⑤ 등기신청의 각하결정에 대하여는 등기신청인인 등기권리자 및 등기의무자에 한하여 이의신청을 할 수 있고, 이해관계 있는 제3자는 이의신청을 할 수 없다.

15 미등기 부동산에 대하여 직권에 의한 소유권보존등기를 할 수 있는 경우에 해당하는 것은 모두 몇 개인가?

- 압류등기의 촉탁
- 가압류등기의 촉탁
- 처분금지가처분등기의 촉탁
- 경매개시결정등기의 촉탁
- 가등기가처분등기의 촉탁
- 임차권등기명령에 따른 주택임차권등기의 촉탁

① 1개
② 2개
③ 3개
④ 4개
⑤ 5개

16 다음 중 소유권보존등기를 신청할 수 없는 자는?

① 건축물대장이 생성된 건물에 대하여 특별자치도지사, 시장, 군수 또는 구청장(자치구의 구청장)을 상대로 소유권확인판결을 받은 자

② 토지대장의 최초 소유자를 특정할 수 없어 국가를 상대로 자기의 소유권을 증명하는 확정판결을 받은 자

③ 지적공부상 국가로부터 소유권을 이전받은 것으로 등록되어 있는 자

④ 대장에 최초의 소유자로 등록된 자로부터 특정유증을 받은 자

⑤ 대장에 최초의 소유자로 등록된 자로부터 포괄유증을 받은 자

17 소유권보존등기와 관련한 다음 설명 중 옳은 것은?

① 토지대장의 최초 소유자인 甲의 미등기 토지가 상속된 경우, 甲명의로 먼저 소유권보존등기를 한 후 상속인명의로 소유권이전등기를 하여야 한다.

② 판결에 의하여 자기의 소유권을 증명하여 소유권보존등기를 신청할 경우, 소유권을 증명할 수 있는 판결은 소유권 확인판결에 한한다.

③ 미등기 건물에 대한 소유권을 군수의 확인에 의해 증명한 자는 자기 명의로 소유권보존등기를 신청할 수 있다.

④ 지적공부에 최초의 소유자로 등록된 국가로부터 소유권이전등록을 받은 자는 국가 명의의 소유권보존등기를 마친 후 소유권이전등기를 하여야 한다.

⑤ 소유권보존등기를 신청할 때에는 등기의무자의 등기필정보를 등기소에 제공하여야 한다.

18 소유권보존등기에 관한 다음 설명 중 옳은 것은?

① 소유권보존등기를 신청할 때에는 신청인의 주소증명정보를 등기소에 제공할 필요가 없다.

② 소유권보존등기의 신청정보에는 등기원인과 그 연월일을 기록하여야 한다.

③ 규약에 따라 공용부분으로 등기된 후 그 규약이 폐지된 경우, 그 공용부분 취득자는 소유권이전등기를 신청하여야 한다.

④ 규약상 공용부분을 처분하면서 규약을 폐지한 경우 공용부분 취득자는 규약의 폐지를 증명하는 정보를 첨부하여 공용부분이라는 뜻의 등기의 말소등기를 신청하여야 한다.

⑤ 미등기부동산에 대하여 소유권보존등기를 신청할 수 있는데도 이를 하지 아니한 채 매매계약을 체결한 경우에는, 그 계약을 체결한 날로부터 60일 이내에 소유권보존등기를 신청하여야 한다.

19 토지수용을 등기원인으로 한 소유권이전등기에 관하여 설명한 것이다. 다음 중 그 내용이 옳은 것은?

① 수용에 의한 소유권이전등기를 할 경우, 수용개시일 이전에 마쳐진 소유권이전등기는 등기관이 직권으로 말소여야 한다.

② 수용에 의한 소유권이전등기를 할 경우, 그 부동산을 위하여 존재하는 지역권의 등기와 토지수용위원회의 재결로 그 존속이 인정된 권리는 등기관이 직권으로 말소할 수 없다.

③ 수용으로 인한 소유권이전등기신청서에는 등기원인을 토지수용으로, 그 연월일은 수용재결일로 기록하여야 한다.

④ 수용재결의 실효를 원인으로 하는 소유권이전등기의 말소등기는 사업시행자가 단독으로 신청하여야 한다.

⑤ 수용으로 인한 등기를 신청하는 경우에는 농지취득자격증명을 등기소에 제공하여야 한다.

20 신탁등기에 관한 설명으로 옳은 것은?

① 등기관이 수탁자의 고유재산으로 된 뜻의 등기와 함께 신탁등기의 말소등기를 할 경우, 별개의 순위번호를 사용하여야 한다.

② 수익자가 수탁자를 대위하여 신탁등기를 신청할 경우, 해당 부동산에 대한 권리의 설정등기와 동시에 신청하여야 한다.

③ 신탁등기는 해당 신탁으로 인한 권리의 이전 또는 보존이나 설정등기와 함께 1건의 신청정보로 일괄하여 신청하여야 한다.

④ 수탁자가 여러 명인 경우 등기관은 신탁재산이 공유인 뜻을 등기부에 기록하여야 한다.

⑤ 신탁종료로 신탁재산에 속한 권리가 이전된 경우, 위탁자와 수탁자는 공동으로 신탁등기의 말소등기를 신청할 수 있다.

21 유증으로 인한 소유권이전등기 신청절차에 관한 설명으로 옳은 것은?

① 유증에 기한이 붙은 경우에도 등기원인일자는 유증자의 사망일을 기록하여야 한다.

② 유증으로 인한 소유권이전등기는 상속등기를 거쳐 수증자 명의로 이전등기를 신청하여야 한다.

③ 상속등기가 이미 마쳐진 경우에는 그 상속등기를 말소하고 유증자로부터 수증자 명의로 유증을 원인으로 한 소유권이전등기를 신청하여야 한다.

④ 미등기 부동산이 특정유증된 경우, 유언집행자는 상속인 명의의 소유권보존등기를 거쳐 유증으로 인한 소유권이전등기를 신청하여야 한다.

⑤ 유증으로 인한 소유권이전등기청구권보전의 가등기는 유언자가 생존 중인 경우에는 신청할 수 있지만, 유언자가 사망한 경우에는 신청할 수 없다.

22 소유권이전등기신청에 관한 설명 중 틀린 것은?

① 협의분할에 의한 상속등기를 신청하는 경우에 상속을 증명하는 서면을 첨부하여야 하지만, 등기의무자의 등기필정보는 제공할 필요가 없다.

② 상속등기를 신청하면서 상속재산분할협의서가 공정증서인 경우에는, 상속인 전원의 인감증명을 등기소에 제공하지 않아도 된다.

③ 사인증여를 원인으로 하는 소유권이전등기신청은 등기의무자인 상속인 또는 유언집행자와 등기권리자인 수증자가 공동으로 신청하여야 하며, 유언집행자가 여러 명인 경우에는 그 과반수 이상으로 등기신청을 할 수 있다.

④ 진정명의회복을 원인으로 하는 소유권이전등기를 신청하는 경우 신청정보에는 판결의 확정일자를 등기원인일자로 기록하여야 한다.

⑤ 진정명의회복을 원인으로 하는 소유권이전등기를 신청할 때에는 농지취득자격증명 또는 부동산거래신고 등에 관한 법률에 의한 토지거래계약허가증 등을 모두 제출할 필요가 없다.

23 甲과 乙은 甲소유 A건물 전부에 대해 전세금 5억 원, 기간 2년으로 하는 전세권설정계약을 체결하고 공동으로 전세권설정등기를 신청하였다. 이에 관한 설명으로 틀린 것은?

① 등기관은 전세금과 설정범위를 기록하여야 한다.

② 등기관은 존속기간을 기록하여야 한다.

③ 전세권설정등기가 된 후에 건물전세권의 존속기간이 만료되어 법정갱신이 된 경우, 그 전세권에 대한 저당권설정등기를 하기 위해서는 존속기간 연장을 위한 변경등기를 하여야 한다.

④ A건물의 전세권의 존속기간이 만료된 후, 乙과 丙은 전세금반환채권의 일부 양도를 원인으로 한 전세권 일부이전등기를 신청할 수 있다.

⑤ 전세권설정등기가 된 후에 乙과 丙이 A건물의 전부에 대한 전전세계약에 따라 전전세등기를 신청하는 경우, 그 부분을 표시한 건물도면을 첨부정보로 등기소에 제공하여야 한다.

24 용익권에 관한 등기에 대한 설명으로 틀린 것은?

① 지역권설정등기는 승역지를 관할하는 등기소에 신청하여야 하고, 요역지에 관한 등기는 등기관이 직권으로 하여야 한다.

② 등기원인에 위약금약정이 있는 경우, 등기관은 전세권설정등기를 할 때 이를 기록하여야 한다.

③ 임대차의 차임지급시기에 관한 약정이 있는 경우, 임차권 등기에 이를 기록하지 않으면 그 등기는 무효이다.

④ 공유부동산에 전세권을 설정할 경우, 그 등기기록에 기록된 공유자 전원을 등기의무자로 하여야 한다.

⑤ 전세금반환채권의 일부 양도를 원인으로 하는 전세권 일부이전등기의 신청은 전세권 소멸의 증명이 없는 한, 전세권 존속기간 만료 전에는 할 수 없다.

25 저당권의 등기절차에 관한 설명으로 옳은 것은?

① 채권자가 여러 명인 경우, 채권 최고액은 채권자별로 구분하여 기록하여야 한다.

② 저당권의 이전등기를 신청하는 경우, 저당권이 채권과 같이 이전한다는 뜻을 신청정보의 내용으로 등기소에 제공하여야 한다.

③ 공동저당 부동산 중 일부의 매각대금을 먼저 배당하여 경매부동산의 후순위 저당권자가 대위등기를 할 경우, 매각대금은 기록하여야 하지만, 선순위 저당권자가 변제받은 금액은 기록할 필요가 없다.

④ 일정한 금액을 목적으로 하지 않는 채권을 담보하기 위한 저당권설정등기의 경우, 그 채권의 평가액은 기록할 필요가 없다.

⑤ 2개 이상의 부동산이 공동담보의 목적물로 제공되는 경우, 등기관은 공동담보목록을 작성하여야 한다.

26 변경등기에 관한 다음 설명 중 옳은 것은?

① 법인 아닌 사단이 법인으로 된 경우에는 등기명의인의 표시를 법인으로 변경하는 등기를 신청할 수 있다.

② 甲과 乙이 매매를 원인으로 하는 소유권이전등기를 공동신청하는 경우 첨부정보에 의하여 등기의무자의 주소변경사실이 명백한 때에는 등기명의인의 표시변경등기도 동시에 신청하여야 한다.

③ 토지의 분할, 합병으로 인한 부동산변경등기는 그 토지 소유권의 등기명의인이 그 사유가 발생한 날부터 60일 이내에 그 등기를 신청하여야 한다.

④ 건물의 구조가 변경된 경우에는 변경등기를 신청하기 전에 먼저 건축물대장의 기록사항을 변경하여야 한다.

⑤ 건물의 면적이 변경된 경우에는 부기등기로 변경등기를 하여야 한다.

27 경정등기에 관한 설명으로 틀린 것은?

① 경정등기는 등기완료 후 등기사항의 일부에 관하여 불일치(착오 또는 빠진 사항)가 발생한 경우 이를 시정하기 위하여 하는 등기이다.

② 등기관이 직권으로 경정등기를 한 경우에는 지체 없이 등기권리자와 등기의무자에게 통지하여야 한다.

③ 등기관이 직권으로 경정등기를 한 경우 등기권리자, 등기의무자가 각 2인 이상인 때에는 그 전원에게 통지하여야 한다.

④ 권리자가 甲인데도 불구하고 당사자의 신청착오로 乙명의로 등기된 경우, 그 불일치는 경정할 수 있다.

⑤ 전세권설정등기를 하기로 합의하였으나 당사자의 신청착오로 임차권으로 등기된 경우, 경정등기로 그 불일치를 시정할 수 있다.

28 등기에 관한 이해관계 있는 제3자의 첨부정보에 관한 설명으로 틀린 것은?

① 甲 소유 부동산에 대하여 乙 명의의 전세권등기를 말소하라는 판결을 받았다고 하더라도 그 판결에 의하여 전세권말소등기를 신청할 때에는 丙의 승낙서 또는 丙에게 대항할 수 있는 재판의 등본을 첨부해야 한다.

② 말소등기를 신청하는 경우, 그 말소에 대하여 등기상 이해관계 있는 제3자가 있으면 그 제3자의 승낙이 필요하다.

③ 말소된 등기의 회복을 신청하는 경우, 등기상 이해관계 있는 제3자가 있을 때에는 그 제3자의 승낙정보를 등기소에 제공하여야 한다.

④ 권리의 변경등기를 할 때 등기상 이해관계 있는 제3자가 있으면, 그 제3자의 승낙을 얻어야 한다.

⑤ 저당권의 목적이 된 소유권의 말소등기를 신청하는 경우에는 이해관계 있는 제3자인 저당권자의 승낙을 얻어야 한다.

29 주등기 방식에 의하는 것은 모두 몇 개인가?

ㄱ. 공유물불분할특약, 환매특약, 권리소멸에 관한 약정의 등기

ㄴ. 주소이전으로 인한 등기명의인표시변경등기

ㄷ. 지상권(전세권)을 목적으로 하는 저당권설정등기

ㄹ. 가등기상의 권리의 이전등기

ㅁ. 존속기간의 만료에 따른 전세권말소등기

ㅂ. 근저당권이전등기

ㅅ. 부동산표시변경등기(건물의 증축, 일부멸실, 분필, 합필등기)

ㅇ. 이해관계 있는 제3자의 승낙이 없는 권리의 변경등기

ㅈ. 전세권의 전부말소회복등기

ㅊ. 임차권을 목적으로 하는 처분금지가처분등기

① 1개　　② 2개　　③ 3개　　④ 4개　　⑤ 5개

30 등기상 이해관계 있는 제3자가 있는 경우에 그 제3자의 승낙이 없으면 주등기로 하여야 하는 것은?

① 환매특약등기

② 지상권의 이전등기

③ 등기명의인표시의 변경등기

④ 지상권을 목적으로 한 근저당권의 이전등기

⑤ 채권최고액을 증액하는 근저당권변경등기

31 가등기에 대한 다음 설명 중 틀린 것은?

① 가등기권리자는 가등기의무자의 승낙정보를 첨부하여 단독으로 신청할 수 있다.

② 가등기명의인 甲이 가등기상의 권리를 乙에게 양도하는 경우에는 부기등기로 하여야 한다.

③ 임차권설정등기청구권보전의 가등기에 의한 본등기를 마친 경우, 등기관은 가등기 후 본등기 전에 가등기와 동일한 부분에 마쳐진 용익권등기는 등기관이 직권으로 말소할 수 없다.

④ 소유권이전등기청구권보전의 가등기에 의하여 소유권이전의 본등기를 한 경우, 가등기 후 본등기 전에 마쳐진 해당 가등기상 권리를 목적으로 하는 가압류등기는 등기관이 직권으로 말소할 수 없다.

⑤ 저당권설정등기청구권보전의 가등기에 의한 본등기를 한 경우, 등기관은 가등기 후 본등기 전에 마친 제3자 명의의 용익권등기를 직권말소할 수 없다.

32 가등기에 관한 설명으로 옳은 것은?

① 가등기를 명하는 법원의 가처분명령이 있을 때에는 법원의 촉탁으로 가등기를 하여야 된다.

② 소유권이전등기청구권보전의 가등기에 의하여 소유권이전의 본등기를 한 경우, 가등기 후 본등기 전에 마쳐진 해당 가등기상 권리를 목적으로 하는 처분금지가처분등기는 등기관이 직권으로 말소한다.

③ 가등기에 의하여 보전하려는 청구권이 장래에 확정될 것인 경우에는 가등기를 할 수 없다.

④ 가등기에 관한 이해관계 있는 제3자는 가등기명의인의 승낙을 받아 가등기의 말소를 단독으로 신청할 수 있다.

⑤ 지상권설정등기청구권보전의 가등기에 의하여 지상권설정의 본등기를 한 경우, 가등기 후 본등기 전에 마쳐진 저당권설정등기는 등기관이 직권으로 말소한다.

33 **가등기에 의한 본등기에 관한 다음 설명 중 틀린 것은?**

① 가등기를 마친 후 가등기권자가 사망한 경우, 가등기권자의 상속인은 상속등기를 생략하고 상속인 명의의 본등기를 가등기의무자와 공동으로 신청할 수 있다.

② 저당권설정등기청구권보전가등기에 의하여 저당권설정의 본등기를 한 경우, 등기관은 가등기 후 본등기 전에 마친 제3자 명의의 용익권등기를 직권말소할 수 없다.

③ 하나의 가등기에 관하여 여러 사람의 가등기권자가 있는 경우에는, 그 중 일부의 가등기권자가 자기의 가등기 지분에 관하여 본등기를 신청할 수 있다.

④ 甲이 乙소유 토지에 대한 소유권이전청구권을 보전하기 위하여 가등기를 한 후 乙이 그 토지를 丙에게 양도한 경우, 甲의 본등기 청구의 상대방은 丙이다.

⑤ 소유권이전청구권가등기의 명의인이 소재불명이 된 경우 현 소유자는 부동산등기법 제56조에 따라 공시최고신청을 하여 제권판결을 받아 단독으로 그 가등기의 말소등기를 신청할 수 있다.

34 **다음 중 등기가 가능한 것은 모두 몇 개인가?**

> ㄱ. 甲소유 부동산에 대하여 채권자 乙이 신청한 가압류 또는 처분금지가처분등기
>
> ㄴ. 공유지분에 관한 전세권설정등기
>
> ㄷ. 건물의 일부에 대한 저당권설정등기
>
> ㄹ. 1필지 일부에 대한 전세권설정등기
>
> ㅁ. 부동산의 합유지분에 대한 처분금지가처분등기
>
> ㅂ. 전세권에 대한 가압류등기

① 1개   ② 2개   ③ 3개   ④ 4개   ⑤ 5개

35 **등기신청의 각하 사유가 아닌 것은?**

① 여러 명의 가등기권리자 중 1인이 자기의 지분 만에 관하여 본등기를 신청한 경우

② 구분건물의 전유부분과 대지사용권의 분리처분 금지에 위반한 등기를 신청한 경우

③ 저당권을 피담보채권과 분리하여 양도하거나, 피담보채권과 분리하여 다른 채권의 담보로 하는 등기를 신청한 경우

④ 이미 보존등기된 부동산에 대하여 다시 보존등기를 신청한 경우

⑤ 법령에 근거가 없는 특약사항의 등기를 신청한 경우

36 등기관이 직권말소할 수 있는 것을 모두 고르면 몇 개인가?

> ㄱ. 공용부분 취득자 甲명의의 소유권보존등기를 하는 경우 '공용부분이라는 뜻의 등기'의 말소등기
>
> ㄴ. 형사재판에서 원인무효임이 판명된 소유권이전등기의 말소등기
>
> ㄷ. 말소등기에 관한 이해관계 있는 제3자의 승낙이 있는 경우, 그 제3자 명의의 등기의 말소등기
>
> ㄹ. 취득세 또는 등록면허세가 납부되지 아니한 소유권이전등기의 말소등기
>
> ㅁ. 무권대리인에 의하여 마쳐진 소유권이전등기의 말소등기

① 1개   ② 2개   ③ 3개   ④ 4개   ⑤ 5개

37 가압류·가처분 등기에 관한 설명으로 옳은 것은?

① 소유권에 대한 가압류등기는 부기등기로 한다.

② 처분금지가처분등기가 되어 있는 토지에 대하여는 소유권이전등기를 신청할 수 없다.

③ 가압류등기의 말소등기는 등기권리자와 등기의무자가 공동으로 신청하여야 한다.

④ 부동산에 대한 처분금지가처분등기의 경우, 금전채권을 피보전권리로 기재한다.

⑤ 부동산의 공유지분에 대해서도 가압류등기가 가능하다.

38 소유권이전등기청구권을 피보전권리로 하는 가처분권자 甲이 승소판결에 의하여 소유권이전등기를 단독으로 신청하는 경우, 당해 가처분등기의 말소절차에 대한 설명으로 옳은 것은?

① 甲이 가처분의무자와 공동으로 가처분등기말소신청을 하여야 한다.

② 甲이 단독으로 소유권이전등기와 동시에 가처분등기말소를 신청할 수 있다.

③ 소유권이전등기가 마쳐지면 가처분의 목적이 달성되었으므로 甲의 말소신청여부에 관계 없이 등기관은 직권으로 가처분등기를 말소하여야 한다.

④ 甲이 소유권이전등기를 마쳤다고 하더라도 당해 가처분등기는 집행법원의 말소촉탁에 의하여 말소하여야 한다.

⑤ 당해 가처분등기라도 가처분취소판결이 확정되어야 말소할 수 있다.

39 다음 중 연결이 틀린 것은?

①	대지권의 목적인 토지의 표시 (소재, 지번, 지목, 면적)	건물 등기기록	1동건물의 표제부	신청
②	대지권의 표시(종류, 비율)	건물 등기기록	전유부분의 표제부	신청
③	소유권 또는 전세권 등이 대지권이라는 뜻의 등기	토지 등기기록	해당구	직권
④	공용부분이라는 뜻의 말소등기	건물 등기기록	전유부분의 표제부	직권
⑤	토지등기기록에 별도등기가 있다는 뜻의 등기	건물 등기기록	1동건물의 표제부	직권

40 구분건물에 관한 설명 중 틀린 것은?

① 집합건물의 등기기록에 대지권의 등기를 한 경우 등기관은 그 권리의 목적인 토지의 등기기록 중 해당 구에 대지권이라는 뜻을 직권으로 등기하여야 한다.

② 구분건물 등기기록의 경우 1동의 건물에는 표제부만 두고 전유부분에는 갑구와 을구만 둔다.

③ 소유권이 대지권이라는 뜻이 등기된 토지에 대해서는 그 토지만에 관한 저당권을 설정할 수 없다.

④ 상가건물도 일정한 요건을 갖춘 경우에는 구분소유의 목적으로 할 수 있다.

⑤ 규약상 공용부분을 등기하는 경우에는 갑구와 을구는 두지 않고 표제부만 둔다.

✓ 정답

제1편 공간정보의 구축 및 관리 등에 관한 법령 정답표

01	02	03	04	05	06	07	08	09	10
⑤	④	②	①	④	②	⑤	③	③	③
11	**12**	**13**	**14**	**15**	**16**	**17**	**18**	**19**	**20**
③	②	④	③	⑤	⑤	③	⑤	①	④
21	**22**	**23**	**24**	**25**	**26**	**27**	**28**	**29**	**30**
②	⑤	④	④	②	③	⑤	④	④	⑤
31	**32**	**33**	**34**	**35**	**36**	**37**	**38**	**39**	**40**
④	④	⑤	⑤	③	④	②	③	③	③
41	**42**	**43**	**44**						
④	②	①	③						

제2편 부동산등기법 정답표

01	02	03	04	05	06	07	08	09	10
④	⑤	③	③	②	③	③	②	⑤	①
11	**12**	**13**	**14**	**15**	**16**	**17**	**18**	**19**	**20**
⑤	①	④	①	④	④	③	⑤	②	③
21	**22**	**23**	**24**	**25**	**26**	**27**	**28**	**29**	**30**
④	④	⑤	③	②	④	②	④	④	⑤
31	**32**	**33**	**34**	**35**	**36**	**37**	**38**	**39**	**40**
③	④	④	②	①	②	⑤	③	⑤	②

제35회 공인중개사 시험대비 **전면개정판**

2024 박문각 공인중개사
박윤모 파이널 패스 100선 2차 부동산공시법령

초판인쇄 │ 2024. 8. 5.   **초판발행** │ 2024. 8. 10.   **편저** │ 박윤모 편저

발행인 │ 박 용   **발행처** │ (주)박문각출판   **등록** │ 2015년 4월 29일 제2019-000137호

주소 │ 06654 서울시 서초구 효령로 283 서경 B/D 4층   **팩스** │ (02)584-2927

전화 │ 교재 주문 (02)6466-7202, 동영상문의 (02)6466-7201

저자와의
협의하에
인지생략

정가 20,000원
ISBN 979-11-7262-160-5